Exposition Universelle de 1900

Université de Poitiers

LIVRET

POITIERS
SOCIÉTÉ FRANÇAISE D'IMPRIMERIE & DE LIBRAIRIE
4, RUE DE L'ÉPERON, 4

1900

UNIVERSITÉ DE POITIERS

8° R
17661

EXPOSITION UNIVERSELLE DE 1900

UNIVERSITÉ DE POITIERS

LIVRET

POITIERS

SOCIÉTÉ FRANÇAISE D'IMPRIMERIE ET DE LIBRAIRIE

4, Rue de l'Éperon, 4

1900

UNIVERSITÉ DE POITIERS

(1431-1896)

L'Université de Poitiers comprend les Facultés de Droit, des Sciences et des Lettres et l'École préparatoire réorganisée de médecine et de pharmacie de Poitiers.

Faculté de Droit

I. — HISTORIQUE

La Faculté de droit de Poitiers est une des plus anciennes de France. Ses origines officielles remontent à la première moitié du xve siècle. L'Université de Poitiers, fondée en 1431, comprenait une *Faculté des décrets* où l'on étudiait le droit canonique, et une *Faculté des lois* où l'on professait le droit romain, entre lesquelles une union étroite s'établit bientôt. La Faculté de droit connut au xvie et au xviie siècle une longue et brillante période de prospérité. Sa réputation s'étendait au loin en Europe. Les philosophes Descartes et Bacon étudièrent le droit à Poitiers. Tiraqueau, l'ami célèbre de Rabelais, dont le portrait orne encore aujourd'hui une des salles de la Faculté, était un jurisconsulte poitevin.

Des causes diverses amenèrent au xviiie siècle la décadence de l'Université de Poitiers, qui disparut, comme toutes les autres, pendant la Révolution. Lorsque la création nouvelle d'Ecoles de droit fut décidée en 1804, Poitiers se trouva naturellement désigné au choix du gouvernement impérial (décret du 21 septembre 1804). En fait, la création de l'Ecole de droit de Poitiers, retardée par une raison d'ordre matériel, la difficulté de trouver un local approprié, n'eut lieu qu'en 1806. L'Ecole de droit fut installée dans le « ci-devant Hôtel de la Préfecture », où elle est toujours restée depuis. En 1809, elle reçut le titre de Faculté.

La Faculté de droit de Poitiers ne comprenait à l'origine que cinq chaires magistrales : trois chaires de code civil, une chaire de droit romain et une chaire de procédure et de législation criminelle. Depuis lors, cette organisation a été complétée par la création de sept chaires nouvelles qui sont dans l'ordre chronologique :

1° Une chaire de droit commercial en 1823

2° Une chaire de droit administratif en 1832,

3° Une seconde chaire de droit romain en 1853,

4° Une chaire de droit criminel (détachée de la chaire de procédure) en 1875,

5° Une chaire d'économie politique en 1890,

6° Une chaire de droit international public et privé en 1892,

7° Une chaire de droit public et constitutionnel en 1896.

Par suite de ces créations successives, le nombre des chaires magistrales se trouve aujourd'hui porté à douze.

L'enseignement donné dans ces chaires, toujours solide,

a été souvent brillant. Depuis près d'un siècle, il a formé bien des générations de magistrats, d'avocats, de professeurs, d'administrateurs et d'hommes politiques dont plusieurs ont illustré le Poitou ou la France. Le Président actuel du Conseil des ministres, M. Waldeck-Rousseau, et le garde des sceaux, M. Monis, sont deux anciens élèves de la Faculté de droit de Poitiers (1).

En dehors de leur enseignement, plusieurs professeurs de la Faculté de Poitiers ont laissé, dans la science, au barreau ou dans la politique, un nom que leurs successeurs peuvent rappeler avec fierté. Le *Traité de la procédure civile* de M. Boncenne, continué par M. Bourbeau, et le *Traité de la justice de paix* de ce dernier auteur ont joui autrefois d'une grande faveur et peuvent encore être consultés avec fruit. La science du droit administratif a été fondée à Poitiers par M. Foucart, dont les *Eléments de droit public et administratif* ont obtenu quatre éditions successives. Elle a été portée à un haut degré de développement par M. Ducrocq, que la réputation de son enseignement a appelé à Paris en 1884 et qui aujourd'hui, arraché par l'âge impitoyable à sa chaire mais non à la science, publie la septième édition de son beau *Cours de droit administratif*. Souvent, pendant ce siècle, l'ordre des avocats a pris à la Faculté de droit son bâtonnier, et la ville de Poitiers est venue y chercher son maire. M. Bourbeau a été ministre de l'instruction publique à la fin du second empire. M. Lepetit a successivement représenté le département de la Vienne à l'Assemblée nationale

(1) Un fait, secondaire en soi, prouve bien l'importance, d'ailleurs traditionnelle, de la ville de Poitiers comme centre d'études juridiques. Non seulement la très grande majorité des professeurs de cette Faculté a toujours été formée par des Poitevins d'origine, mais encore il n'y a guère de Faculté de droit en France qui ne compte dans son personnel enseignant quelque ancien élève de la Faculté de Poitiers.

et au Sénat (1874-1877). Enfin, il y a quelques semaines, M. le sénateur Thézard, doyen honoraire de la Faculté de droit, a été de nouveau envoyé par ses concitoyens à la haute assemblée où, dans un discours justement célèbre, il avait autrefois, invoquant précisément le passé glorieux qui vient d'être rappelé, défendu brillamment la cause des Universités provinciales.

II. — ORGANISATION DE L'ENSEIGNEMENT

L'enseignement offert par la Faculté de droit de Poitiers est aujourd'hui donné : 1° dans des chaires magistrales, 2° dans des cours complémentaires, 3° dans des conférences, 4° dans des cours libres.

La distinction entre les chaires magistrales et les cours complémentaires n'offre d'intérêt que pour le personnel enseignant. Dans l'un et l'autre cas, les leçons sont faites *ex cathedra* : le professeur parle et les étudiants prennent des notes. Il existe actuellement 12 chaires magistrales (1) et 13 cours complémentaires : histoire générale du droit (licence), droit civil approfondi et comparé, histoire du droit français (doctorat), droit maritime, éléments de droit constitutionnel (licence), droit administratif (doctorat), législation et économie coloniales, législation et science financières, économie politique (doctorat), histoire des doctrines économiques, législation et économie rurales, droit international public (doctorat), principes de droit public (2). Ces deux derniers cours et celui de droit civil approfondi sont rétribués sur les

(1) Voir plus haut l'énumération de ces chaires.
(2) Le cours de voies d'exécution est rattaché à la chaire de procédure civile, et le cours de Pandectes (doctorat) alternativement à l'une des chaires de droit romain.

fonds de l'Université. Le cours de législation et économie rurales existe grâce à une subvention de la ville de Poitiers. Les autres cours complémentaires sont rétribués par l'Etat.

Les cours correspondant aux études de licence font l'objet de trois leçons par semaine : ils ont lieu les uns à 8 h. 1/2 du matin, les autres à 10 h. En voici d'ailleurs l'énumération pour l'année scolaire 1899-1900.

PREMIÈRE ANNÉE

Droit civil;
Droit romain;
Economie politique ;
Histoire générale du droit français (semestre d'hiver);
Eléments de droit constitutionnel (semestre d'été).

DEUXIÈME ANNÉE

Droit civil ;
Droit criminel;
Droit administratif;
Droit romain (semestre d'hiver) ;
Droit international public (semestre d'été).

TROISIÈME ANNÉE

Droit civil;
Droit commercial;
Droit international privé (semestre d'hiver) ;
Procédure civile (semestre d'hiver).

Cours à option
- *Droit maritime* (semestre d'hiver) ;
- *Voies d'exécution* (semestre d'été) ;
- *Législation et science financières* (semestre d'été).

Les cours de doctorat ont reçu un développement considérable depuis la création d'un doctorat ès sciences politiques et-économiques parallèle au doctorat ès sciences juridiques en 1895. Chaque cours comporte environ 45 leçons réparties sur les deux semestres. Les cours ont lieu en général le soir à 4 heures ou à 5 heures. En voici la liste pour l'année 1899-1900 :

SCIENCES JURIDIQUES

Pandectes ;
Histoire du droit ;
Droit civil approfondi ;
Droit administratif ;

SCIENCES POLITIQUES ET ÉCONOMIQUES

Histoire du droit public français ;
Droit constitutionnel comparé ;
Principes de droit public ;
Droit international public ;
Economie politique ;
Histoire des doctrines économiques ;
Législation et économie rurales ;
Législation et économie coloniales (1).

Le tout correspond à un chiffre de plus de 1600 leçons par année, données par quatorze professeurs.

Aux leçons solennelles, il faut ajouter les conférences faites sous forme de causeries familières et qui comportent des interrogations et des travaux écrits pour les étudiants. Elles existaient depuis longtemps, mais elles ont

---

(1) Les candidats au doctorat, sciences politiques et économiques, doivent suivre de plus les cours de législation et science financières (licence) et de droit administratif (doctorat).

été réorganisées en 1895 sur des bases plus solides. Il y a aujourd'hui sept conférences par semaine pendant tout le cours de l'année scolaire (trois pour la licence et quatre pour le doctorat).

La Faculté a toujours montré une très grande réserve en ce qui concerne la création des cours libres. Néanmoins, l'ouverture d'un cours de médecine légale a été autorisée en 1897. Il a été depuis lors continué régulièrement et est aujourd'hui subventionné par l'Université.

III. — ÉTUDIANTS ET EXAMENS

Depuis 1806, jusqu'à la fin de l'année 1899, 76065 inscriptions ont été prises à la Faculté de droit de Poitiers. Elle a délivré 746 certificats de capacité, 4952 diplômes de bachelier en droit, 4463 diplômes de licencié et 374 diplômes de docteur.

Voici la statistique des onze dernières années :

INSCRIPTIONS

1889..	537		1895..	1054
1890..	682		1896..	1063
1891..	774		1897..	990
1892..	968		1898..	940
1893..	1053		1899..	916
1894..	1177			

DIPLOMES

	Capacité	Baccalauréat	Licence	Doctorat	Total
1889	3	35	34	10	82
1890	10	30	31	7	78
1891		6˙	30	1	101
1892	11	6˙	59	1·	131

	Capacité	Baccalauréat	Licence	Doctorat	Total
1893	10	61	53	3	127
1894	17	76	43	6	142
1895	16	75	71	1	163
1896	16	60	56	4	136
1897	14	44	57	11	126
1898	11	51	47	19	128
1899	12	61	42	22	137

Le nombre des étudiants est plus difficile à déterminer. On ne peut le calculer avec certitude ni d'après le chiffre des inscriptions, puisque les jeunes gens qui terminent leurs études de doctorat ne sont plus astreints à en prendre, ni d'après le chiffre des examens, puisqu'à la fin de chaque année il y a toujours un certain nombre de jeunes gens qui, pour une cause ou pour une autre, ne comparaissent pas devant leurs examinateurs. Normalement, un étudiant doit prendre quatre inscriptions par année et subir un examen à la fin de chaque année scolaire. Mais bien des causes peuvent interrompre les études commencées. Au bout de trois ans, l'étudiant devenu licencié qui aspire au doctorat doit prendre quatre inscriptions, subir deux examens et soutenir une thèse. Mais la durée des études de doctorat est absolument indéterminée, le candidat choisissant lui-même, avec l'agrément de ses professeurs, l'époque à laquelle il se sent prêt à comparaître devant eux. Cette organisation, sur laquelle il est inutile d'insister ici, est d'ailleurs commune à toutes les Facultés de droit.

En dehors de ses propres élèves, la Faculté a aussi parfois à examiner : 1° des élèves des Facultés libres de droit ; 2° des élèves des écoles de droit des colonies qui viennent subir en France l'examen dit d'*équivalence*. Ces candidats sont d'ailleurs fort peu nombreux.

Des concours sont ouverts à la fin de l'année scolaire entre les étudiants de chacune des trois années de licence. Ils sont au nombre de six (deux par année). Les lauréats ont droit à des médailles et à des ouvrages et obtiennent de plus certains avantages pécuniaires (dispense des droits d'inscription et d'examen pour l'année suivante). Les étudiants de 3e année peuvent en outre prendre part à un concours général ouvert entre tous les élèves des Facultés de droit de l'Etat (1).

Un concours est également ouvert chaque année entre les étudiants en doctorat. Le mémoire qui a obtenu la première médaille d'or concourt ensuite avec ceux des autres Facultés pour l'obtention du prix du Ministre de l'Instruction publique décerné par l'Académie de législation de Toulouse (2).

Une subvention allouée par la ville de Poitiers permet également de récompenser chaque année les meilleures thèses de Doctorat (prix de la ville de Poitiers).

IV. — TRAVAUX DES PROFESSEURS

La simple énumération des publications émanées des professeurs de la Faculté de droit de Poitiers depuis 1889 montre que, dans ce centre d'études juridiques depuis si longtemps renommé, la vie scientifique est aussi intense que jamais.

(1) En 1899, le premier prix au Concours général a été remporté par un élève de la Faculté de droit de Poitiers. L'année précédente, un autre étudiant de Poitiers avait également été couronné, mais il n'avait obtenu que la première mention.

(2) Depuis sa fondation en 1855, ce prix a été obtenu 8 fois par un mémoire couronné par la Faculté de droit de Poitiers : en 1855, 1856, 1858, 1861, 1872, 1882, 1887 et 1889.

M. Le Courtois, doyen, professeur de droit civil.

1. (En collaboration avec MM. Surville et Baudry-Lacantinerie.) *Du Contrat de mariage*, 3 vol. in-8, t I, 725 p., 1897; t. II, 920 p., 1898; t. III sous presse.

2. Notes de jurisprudence publiées dans le *Recueil général des lois et des arrêts*, etc.

M. Ducrocq, doyen honoraire.

1. *Cours de droit administratif et de législation française des finances*, septième édition, 6 vol. in-8, en cours de publication, t. I, 540 p., 1897; t. II, 654 p., 1897; t. III, 848 p., 1898; t. IV, 482 p., 1900.

2. *La loi du 30 mars 1887 et les décrets du 3 janvier 1889 sur la conservation des monuments et objets mobiliers présentant un intérêt national au point de vue de l'histoire et de l'art*, 1889, 64 p.

3. *La statistique des libéralités aux personnes morales et les améliorations dont elle est susceptible.* (Journal de la Société de statistique, juin 1889, p. 213 et s.)

4. *Un nouveau progrès à réaliser dans la statistique des libéralités aux personnes morales*, in-8º, 1890.

5. *De la nationalité au point de vue du dénombrement de la population.* (Journal de la Société de statistique, mars 1890.)

6. *Notes sur des pièces de monnaies mérovingiennes intéressant le Poitou.* (Bulletin de la Société des antiquaires de l'Ouest, 1890, 14 p.)

7. *La statistique au Conseil d'Etat.* (Journal de la Société de statistique, 1891.)

8. *François Meinard, frison, successivement professeur d'humanités à Angers et professeur de droit à l'Université de Poitiers, ses relations et ses publications de 1600 à 1623*, 1892, 54 p.

9. *Les procureurs syndics de 1790 et les commissaires du directoire exécutif de l'an III à l'an VIII, avec l'histoire de l'institution dans le département de la Vienne.* (Bulletin du Comité des travaux historiques, 1891, 34 p.)

10. *La chambre de commerce de Marseille.* (Bulletin du Comité des travaux historiques, 1893.)

11. *La personnalité civile en France du Saint-Siège et des autres puissances étrangères*, 1894, 31 p. in-8°.

12. *De la personnalité civile de l'Etat d'après les lois civiles et administratives de la France*, 1894, 51 p. in-8°.

13. *Histoire d'une famille de la chevalerie lorraine.* (Bulletin du Comité des travaux historiques, 1894.)

14. *Souvenirs du premier président Thibaudeau sur la Révolution*, 1895, in-8°.

15. *La Turquie d'Asie.* (Bulletin du Comité des travaux historiques, 1896.)

16. *La vie de Berryer.* (Bulletin du Comité des travaux historiques, 1896.)

17. *Les nouveaux types monétaires de la France.* (Bulletin de la Société des Antiquaires de l'Ouest, 1899, 28 p.)

18. *Consultation*, in-4° 58 p.

M. Thézard, doyen honoraire, sénateur.

1. *Satires de Perse*, traduites et annotées, 1 vol. in-12.

2. *Jeanne d'Arc*, pièce en 4 actes en vers, représentée au théâtre de Poitiers, 1891.

3. *Propositions de loi et Rapports présentés au Sénat :*
  a) Sur le privilège du vendeur d'un office ministériel, 1891.
  b) Sur les arrêtés préfectoraux agréant des gardes particuliers, 1891.
  c) Sur une modification à l'article 840 du Code civil, 1891.
  d) Sur les Caisses de retraites ouvrières, 1892.

e) Sur une modification des articles 8 et 9 du Code civil, 1893.

f) Sur l'extension du privilège de l'art. 549 du Code de commerce, 1893.

g) Sur la publicité des actes intéressant la propriété immobilière, 1895.

h) Sur les modifications à apporter aux règles de l'instruction criminelle, 1895.

i) Sur la proposition Deandreis relative à la création de Facultés nouvelles dans les Universités, 1896.

j) Sur la proposition Fresneau relative aux droits des communes en matière d'instruction primaire et secondaire, 1896.

k) Sur le nantissement des fonds de commerce (art. 2075 C. civ.), 1897.

l) Sur la preuve des faits diffamatoires, 1898.

m) Sur une modification de la loi sur la presse concernant le droit de réponse, 1898.

n) Sur la responsabilité civile des membres de l'enseignement public, 1899.

C. de la Ménardière, professeur de droit civil.

Souvenirs de l'alliance entre la France et l'Ecosse dans l'histoire du Poitou aux XV$_e$ *et* XVIe *siècles.* (Extrait des Mémoires de la Société des antiquaires de l'Ouest, 1898.)

A. Normand, professeur de droit criminel.

1. *Traité élémentaire de droit criminel*, 1 vol. gr. in-8°, 800 p., 1896.

2. *Texte et commentaire de la loi du 8 décembre 1897 sur la réforme de l'instruction criminelle*, in-8°, 88 p., 1899.

F. Arthuys, professeur de droit commercial.

1. *Observations sur la condition faite aux Sociétés étrangères en France.* (Revue critique, 1889, p. 581-603.)
2. *Du transport au point de vue international.* (Revue critique, 1893, p. 279-294.)
3. *Explication de la loi du 5 novembre 1894 relative à la création de Sociétés de crédit agricole.* (Revue critique, 1895, p. 318-347.)
4. *Jurisprudence commerciale, examen doctrinal.* (Revue critique, 1897, p. 273-298 ; 1898, p. 337-359 ; 1899, p. 337-360.)
5. *De la constitution des Sociétés par actions*, in-8o, 1898, 184 p.
6. *Cours élémentaire de droit international privé.* (Voir Surville.)

E. Petit, professeur de droit romain.

1. *Traité élémentaire de droit romain*, 1 vol. in-8o, 1re édition, 1891 ; 2e édition, 1895 ; 3e édition, 1898, 796 p.
2. *Programme d'un Cours de législation et science financières*, broch., 1900, 73 p.

G. Barrilleau, professeur de droit administratif.

Compte rendu analytique de la septième édition du Cours de droit administratif de M. Ducrocq. (Revue du droit public, t. VII, p. 427-433, et t. IX, p. 541-547.)

F Surville, professeur de droit international.

1. *Etude de droit international privé. Du rôle de la volonté dans la solution des questions de droit international privé que soulève le contrat de mariage.* Paris, Pichon, 1889, 54 p.

2. *Aperçu critique sur la détermination de la nationalité d'origine.* Paris, Pichon, 1889, 31 p. (Extrait de la Revue critique de législation et de jurisprudence.)

3. *De la personnalité des lois envisagée comme principe fondamental du droit international privé.* (Journal de droit international privé, 1889, p. 528 à 538.)

4. *De la capacité en droit international privé.* Paris, Pichon, 1889, 32 p. (Extrait de la Revue critique de législation et de jurisprudence.)

5. *Note de jurisprudence sur le traité franco-suisse du 15 juin 1869.* (Journal de droit international privé, 1890, p. 313 à 318.)

6. *Du contrat par correspondance, notamment dans les rapports internationaux.* (Journal de droit international privé, 1891, p. 361 à 379.)

7. *Le principe de liberté des conventions matrimoniales et l'ordre public.* (Revue critique de législation et de jurisprudence, 1892, p. 326 à 336.)

8. *Aperçu critique de la loi du 6 février 1893, portant modification de régime de la séparation de corps.* (Revue critique de législation et de jurisprudence, 1893, p. 223 à 233.)

9. *Cours élémentaire de droit international privé* (en collaboration avec M. Arthuys), 1re édition, 1 vol. in-8º, Rousseau, Paris, 1890, 602 p.

10. *De la nationalité des enfants nés sur le sol français de parents étrangers.* (Journal de droit international privé, 1893, p. 673 à 688.)

11. *Jurisprudence en matière de droit international.* Décisions judiciaires de 1893. (Revue critique de législation et de jurisprudence, 1894, p. 257 à 284.)

12. *Note sur le bail à complant dans le Poitou.* (Sirey, 1894, 2e partie, p. 201.)

— 19 —

13. *Jurisprudence en matière de droit international.* Décisions judiciaires de 1894. (Revue critique de législation et de jurisprudence, 1895, p. 65 à 93.)

14. *La caution « judicatum solvi » et la loi du 5 mai 1895.* (Revue politique et parlementaire, 2e année, t. V, p. 334 à 338, et Lois nouvelles, même année.)

15. *Cours élémentaire de droit international privé* (en collaboration avec M. Arthuys), 2e édition, 1 vol. gr. in-12, Rousseau, Paris, 1895, 636 p.

16. *Jurisprudence en matière de droit international.* Décisions judiciaires de 1895. (Revue critique de législation et de jurisprudence, 1896, p. 209 à 262.)

17. *Jurisprudence en matière de droit international.* Décisions judiciaires de 1896. (Revue critique de législation et de jurisprudence, 1897, p. 193 à 228.)

18. *La cession et la mise en gage des créances en droit international privé.* (Journal de droit international privé, 1897, p. 671 à 689.)

19. *Jurisprudence française en matière de droit international.* Décisions de 1897. (Revue critique de législation et de jurisprudence, 1898, p. 257 à 288.)

20. *Quelques souvenirs de professeurs et d'élèves du lycée de la Roche-sur-Yon.* Discours prononcé à la distribution des prix du lycée de la Roche-sur-Yon le 31 juillet 1899.

21. *Jurisprudence française en matière de droit international.* Décisions judiciaires de 1898. (Revue critique de législation et de jurisprudence, 1899, p. 209 à 238.)

22. *Cours élémentaire de droit international privé* (en collaboration avec M. Arthuys), 3e édition. Rousseau, Paris, 1900, 675 p.

23. *Jurisprudence française en matière de droit international.* Décisions judiciaires de 1899. (Revue critique de législation et de jurisprudence, 1900, p. 129-150.)

24. *Traité du contrat de mariage*, en collaboration avec MM. Le Courtois et Baudry-Lacantinerie, 3 vol. (Voir Le Courtois.)

Prevost-Leygonie, professeur de droit constitutionnel.

Les pouvoirs disciplinaires des administrateurs de commune mixte en Algérie. (Revue algérienne et tunisienne, 1890, p. 81 à 115.)

L. Michon, professeur adjoint.

1. *Histoire de la Faculté de droit de Poitiers* (1806-1899), in-8°, 64 p., 1900.

2. *Sources de l'histoire des institutions et du droit français* (analyse de l'ouvrage de M. Gavet). (Revue générale du droit, n° de mai-juin 1899, p. 270-273.)

Arthur Girault, professeur d'économie politique.

1. *Traité des contrats par correspondance* (ouvrage couronné par l'Académie de législation de Toulouse), 1890, in-8°, 267 p.

2. *Principes de colonisation et de législation coloniale*, in-12, 1895, 660 p.

3. *Le problème colonial. Assujettissement, autonomie, assimilation.* (Revue du droit public, t. I, p. 467-514.)

4. *Chroniques coloniales.* (Revue du droit public, t. IV, p. 127-150; t. V, p. 89-108; t. VI, p. 119-139; t. VIII, p. 91-121; t. X, p. 451-489.)

5. *Le nouveau régime douanier des colonies et ses résultats.* (Revue d'économie politique, 1894, p. 854-879.)

6. *Les travaux de l'Institut colonial : la main-d'œuvre aux colonies.* (Revue d'économie politique, 1896, p. 147-160.)

7. *Le Congrès colonial international de Bruxelles.* (Revue d'économie politique, 1897, p. 865 à 872.)

8. *Le service militaire aux colonies.* (Revue politique et parlementaire, mars 1895, p. 493-506.)

9. *La politique coloniale de la Révolution française.* (Revue politique et parlementaire, août 1899, p. 358-364.)

10. *Le régime foncier aux colonies.* (Bibliothèque coloniale internationale, 3ᵉ série, t. II, p. 125 et suiv.)

11. *L'enseignement colonial dans les Universités belges.* (Revue internationale de l'enseignement, juillet 1899, p. 43 et s.)

12. *Rapport sur le projet de réforme de l'agrégation des Facultés de droit, présenté au nom de la Faculté de droit de Poitiers.* (Enquêtes et documents relatifs à l'enseignement supérieur, LXIV, p. 118-131.)

13. *Rapport sur le projet de création d'un doctorat ès sciences économiques, présenté au nom de la Faculté de droit de Poitiers.* 1898.

14. *Arrêts divers annotés* dans le Recueil de législation et jurisprudence coloniales, 1898, p. 73 et s. et p. 78 et s.

15. *Décentralisation coloniale.* (Quinzaine coloniale du 25 juillet 1897.)

16. *Communications diverses* faites au Congrès des Sociétés savantes (avril 1896), au Congrès colonial international de Bruxelles (août 1897), et à l'Institut colonial international. (Sessions de La Haye, septembre 1896, et de Bruxelles, avril 1899.)

17. *Programme d'un Cours d'économie politique*, broch., 1898.

18. *Comptes rendus d'ouvrages* dans la Revue interna-

tionale de l'enseignement, le Bulletin de la Société de législation comparée, la Revue d'économie politique, la Revue du droit public, etc. -

M. Audinet, agrégé.

1. *La nationalité française en Algérie et en Tunisie d'après la législation recente.* (Revue algérienne et tunisienne, 1889, p. 149 et s. et 165 et s.)

2. *Principes élémentaires de droit international privé*, in-8°, 1894.

3. *Du changement de nationalité des mineurs.* (Revue critique, 1891, p. 27 à 54 et 158 à 174.)

4. *Observations sur le projet de loi relatif à la nationalité française.* (Journal de droit international privé, 1889, p. 197 à 206.)

5. *De la situation d'un individu né en France d'un étranger qui n'y est pas né pendant sa minorité.* (Journal de droit international privé, 1891, p. 3 à 60.)

6. *Le droit international privé dans le nouveau Code civil espagnol.* (Journal de droit international privé, 1891, p. 1106 à 1129.)

7. *La nationalité française aux colonies.* (Journal de droit international privé, 1898, p. 23 à 40.)

8. *L'incompétence des tribunaux français à l'égard des Etats étrangers et la succession du duc de Brunswick.* (Revue générale de droit international public, 1895, p. 385 à 400.)

9. *De la prescription acquisitive en droit international public.* (Revue générale de droit international public, 1896, p. 313 à 325..)

10. *La nationalité des Israélites algériens.* (Revue générale de droit international public, 1897, p. 483 à 495.)

11. *Notes publiées sous divers arrêts*, dans le Recueil

général des lois et des arrêts. (1896, 1, 149 ; 1896, 2, 169 ; 1897, 1, 401 ; 1899, 2, 57 ; 1899, 2, 105.)

12. Collaboration au *Répertoire alphabétique du droit français* dirigé par M. Fuzier-Hermann, v⁶ *Contrat de Mariage* et *Jugement étranger*.

Dubois, chargé de cours.

1. *De la Restitution des fruits et produits de la chose d'autrui possédée de bonne foi par un tiers.* — (Revue critique de législation et de jurisprudence, 1896, p. 217 à 336, 398 à 414, 530 à 544.)

2. *Les Théories physiologiques de la valeur au XVIII⁰ siècle.* — (Revue d'économie politique, 1897, p. 849 à 864 et 917 à 930.)

EXAMENS

Années	Capacité	1er de baccalauréat (1re et 2e partie)	2e de baccalauréat (1re et 2e partie)	Licence (1re et 2e partie)	Examens de Doctorat	Thèses de doctorat	Totaux par année	Observations
				Candidats examinés.				
1889	4	74	82	86	13	10	269	(1) A partir de la session de juillet 1896, le 1er de baccalauréat n'est plus scindé.
1890	10	171	77	88	12	7	365	
1891	7	173	156	81	14	1	432	
1892	11	188	151	128	13	»	491	
1893	18	227	138	124	30	3	540	
1894	26	235	178	107	42	6	594	
1895	20	166	180	164	33	1	564	
1896 (1)	22	97	151	154	60	4	488	
1897	20	115	110	154	65	11	475	
1898	12	109	133	114	60	19	447	
1899	14	103	142	113	62	22	456	
Totaux généraux..	164	1.658	1 498	1 313	404	84	5 121	

Faculté des Sciences

(1854-1900)

I. — HISTORIQUE

Le 9 décembre 1854, M. de la Saussaye, membre de l'Institut, recteur de l'Académie de Poitiers, présidait la séance solennelle de rentrée des Facultés de droit et des lettres et de l'Ecole de Médecine. Il souhaita, ce jour-là, la bienvenue aux membres de la Faculté des sciences, récemment créée, qui étaient venus prendre place à côté de leurs anciens collègues, et les déclara installés dans leurs nouvelles fonctions.

La Faculté des sciences qui venait d'être ainsi solennellement installée se composait modestement de quatre membres : Un doyen et professeur de mathématiques pures et appliquées, M. Chenou, ancien professeur aux Facultés de Bordeaux et de Rennes, ancien recteur départemental de la Charente ; un professeur de physique, M. Trouessart, ancien professeur aux lycées d'Angers et de Brest ; un professeur de chimie, M. Gillot Saint-Evre, ancien préparateur à l'Ecole Polytechnique, ancien professeur à la Faculté de Besançon ; et un professeur d'histoire naturelle, M. Hollard (1).

Le jour même de cette installation, la Faculté tenait sa

---

(1) Je ne connais pas les origines de ce professeur, et je ne sais rien de la fin de sa carrière.

première séance pour aviser aux besoins du service, et je dois dire qu'elle fut à peu près remplie de plaintes unanimes sur l'état lamentable de la situation matérielle provisoire qui lui était faite. L'installation définitive de 1856 laissait aussi beaucoup à désirer, et il a fallu quarante ans pour obtenir enfin des constructions convenables et appropriées aux besoins des professeurs et des étudiants. Il est intéressant de suivre les modifications du personnel et les transformations successives du matériel scientifique pendant cette longue période.

I. — 1854-1870.

Pendant la période qui s'étend de la création de la Faculté jusqu'à l'année 1870, le personnel est resté composé de quatre professeurs, et un seul d'entre eux avait quitté la Faculté de Poitiers en 1863 par un congé temporaire et en 1864 définitivement.

Le caractère de l'enseignement était à peu près celui d'un ensemble de cours destinés à vulgariser, pour un auditoire varié, les découvertes scientifiques. Comme il s'adressait à un public divers, les cours se faisaient le soir et ils étaient suivis par un grand nombre d'auditeurs bénévoles. Le cours de mathématiques, seul, faisait exception ; quelques rares candidats à la licence venaient assister aux leçons. De jeunes préparateurs, en aidant les professeurs de physique, de chimie ou d'histoire naturelle, travaillaient dans le but d'obtenir le grade de licencié. Je relève dans les noms de ces jeunes gens, celui de M. Baudry-Lacantinerie, qui est devenu le doyen de la Faculté de droit de Bordeaux, et celui de M. Guitteau, devenu professeur à l'École de médecine de Poitiers, et qui est mort tout récemment avec le titre de maître de conférences de chimie à la Faculté. Si le nombre des professeurs était petit, le nombre des préparateurs était encore moindre. Un préparateur de physique et un préparateur de chimie et d'histoire naturelle composaient le personnel auxiliaire.

Le professeur de mathématiques avait à développer à lui seul le programme si vaste de la licence ; ses auditeurs étaient rares ; beaucoup de candidats, déjà pourvus de postes dans les lycées et collèges, se préparaient seuls à l'examen, ainsi qu'on peut le constater sur le registre. Le professeur d'histoire naturelle devait enseigner tour à tour la zoologie, la botanique, la géologie et la minéralogie, et cela sans laboratoire, sans bibliothèque. Les professeurs de physique et de chimie avaient, seuls, un domaine à peu près limité et des semblants de laboratoire.

Le personnel primitif de la Faculté resta en fonctions, sans aucune modification, jusqu'en 1863. A la fin de cette année, M. Hollard, que ses nombreux travaux en zoologie, et, en particulier, ses études sur les poissons, avaient fait nommer chevalier de la Légion d'honneur, prit un congé et fut remplacé par M. Gosselet, devenu plus tard le doyen et l'un des membres les plus éminents de la Faculté des sciences de Lille. La suppléance se prolongea jusqu'en 1865 ; M. Contejean remplaça M. Gosselet, d'abord comme suppléant de M. Hollard, puis comme chargé de cours ; en 1866 il fut nommé professeur titulaire.

L'année 1865 est marquée dans les annales de la Faculté par la soutenance de la première thèse de doctorat ès sciences naturelles. Le candidat était M. Gauriet, docteur en médecine, de Niort.

Il faut ajouter que cette première période de l'histoire

de la Faculté des sciences de Poitiers est encore caractérisée par le nombre considérable des examens de baccalauréat que les professeurs avaient à faire passer.

II. — 1870-1894.

On commençait à sentir, un peu partout, la nécessité de modifier l'enseignement scientifique, donné jusqu'alors par les Facultés, et de préparer des licenciés et des agrégés pour les lycées et les collèges. Mais il fallait pour cela organiser le recrutement d'élèves sérieux. Le ministre Duruy soumit, en 1868, aux Facultés, un projet de création d'écoles normales secondaires dans les lycées situés auprès des Facultés. Ce projet eut un commencement d'exécution, mais fut promptement abandonné. Il fut remplacé par la création des maîtres-auxiliaires, auxquels on adjoignit plus tard les boursiers de Faculté. On forma ainsi des auditoires d'élite, principalement pour les chaires de mathématiques et de physique. Mais cette création entraîna des modifications dans le personnel et dans le matériel de l'enseignement supérieur, que nous allons voir se développer progressivement dans la Faculté de Poitiers, en particulier, pendant cette seconde période de son existence.

Elle commence d'abord par un fait douloureux pour la compagnie. Le 8 février 1870, après avoir fait son cours public du soir, M. Trouessart, professeur de physique depuis la fondation de la Faculté, s'affaissa en rentrant chez lui, foudroyé par la rupture d'un anévrisme (1).

---

(1) Trouessart (Joseph-Louis), né à Dinan (Côtes-du-Nord), le 22 octobre 1806, avait été élève de l'Ecole normale supérieure (1832). Chevalier de la Légion d honneur (1865).

Comme professeur, Trouessart donnait à son auditoire public un enseignement fort apprécié et d'une saisissante originalité. Comme physicien, on peut citer de lui des *Recherches sur quelques phénomènes de la vision*, et un baromètre portatif à siphon, modification ingénieuse de celui de Gay-Lussac.

Cette même année 1870, si désastreuse pour notre pays, ne laissa pas que d'être heureuse pour la Faculté de Poitiers ; elle nous donna Lallemand et Isambert, qui devaient lui faire le plus grand honneur par leurs travaux.

Le 2 mars 1870, M. Lallemand était, en effet, transféré, sur sa demande, de la chaire de physique de Montpellier à celle de Poitiers.

Le 19 mars suivant, M. Isambert, docteur ès sciences, agrégé-préparateur à l'Ecole normale où il avait participé aux remarquables recherches de Sainte-Claire Deville, de Debray, de Troost, était chargé du cours de chimie à la Faculté des sciences de Poitiers, en remplacement de M. Gillot Saint-Evre (1) qui venait de donner sa démission. La durée du stage d'Isambert ne fut pas longue ; il fut nommé professeur titulaire à la fin de décembre 1871.

Le mois de novembre 1871 apporta d'autres modifications dans le personnel. Par un décret du 15 novembre, M. Chenou, doyen, était admis à la retraite et nommé doyen honoraire ; en même temps, il était remplacé, comme professeur de mathématiques, par M. Saint-Loup, que la guerre venait d'expulser de sa chaire de Strasbourg (2). Par un arrêté du 18, M. Lallemand était nommé doyen.

(1) Mort à Poitiers au mois d'août 1879.
(2) M. Chenou, ancien élève de l'Ecole normale (1818), officier de la Légion d'honneur, mort à Saint-Georges-de-Didonne, près Royan, dans sa 90ᵉ année, le 27 avril 1888.

M. Saint-Loup ne s'éternisa pas à Poitiers ; moins d'un an après, le 25 septembre 1872, M. Maillard, agrégé-préparateur à l'Ecole normale, était chargé du cours de mathématiques pures et appliquées. Peu de temps après, la chaire était dédoublée. M. Picart était chargé du cours de calcul différentiel et intégral, M. Maillard prenait la chaire de mécanique. C'est la première modification dans le nombre des professeurs de la Faculté.

M. Picart ne séjourna pas bien longtemps à Poitiers ; ayant été nommé député dans son département, il fut suppléé, sans être lui-même titulaire de la chaire, d'abord par M. Gruey, aujourd'hui directeur de l'observatoire et professeur d'astronomie à la Faculté de Besançon, plus tard par M. Croullebois, aujourd'hui décédé (1). En réalité, ce n'est qu'en 1877, que par le transfert de M. Durrande de la chaire de mécanique de Rennes à celle de Poitiers, et par le passage de M. Maillard à la chaire de calcul différentiel et intégral, que l'enseignement mathématique de la Faculté se trouva définitivement constitué tel qu'il existe encore aujourd'hui. M. Maillard est en outre chargé d'un cours complémentaire d'astronomie.

En 1876, une transformation de même nature s'était opérée pour la chaire d'histoire naturelle. M. le Monnier, aujourd'hui professeur à la Faculté de Nancy, fut chargé du cours de zoologie et de botanique, tandis que M. Contejean gardait la chaire de géologie et minéralogie. Je relève parmi les noms des licenciés reçus pendant les quatre ou cinq années précédentes, celui de l'éminent directeur de l'enseignement supérieur, M. Liard, alors

---

(1) M. Picart, ancien élève de l'Ecole normale (1850), est mort en 1884. Je n'ai trouvé aucune notice sur la carrière de ce professeur.

professeur de philosophie au lycée de Poitiers. Il suivait assidûment les cours de M. Contejean et fut reçu licencié ès sciences naturelles le 16 juillet 1872. Mieux que personne, il connaissait la misère de nos installations de cette époque et nous lui sommes aujourd'hui bien reconnaissants des transformations auxquelles sa haute direction a présidé.

A la rentrée de 1877, M. Schneider, élève de l'Ecole des hautes-études, succédait à M. le Monnier, comme chargé du cours de zoologie et de botanique, et la Faculté se trouvait ainsi en possession de six chaires magistrales, comme la plupart des Facultés de province à cette époque.

La préparation aux diverses licences scientifiques allait devenir la partie essentielle du travail des professeurs. Des boursiers, des maîtres-auxiliaires, des maîtres-répétiteurs et même des étudiants libres se pressaient autour des chaires. Il se forma bientôt une pépinière de licenciés dont plusieurs sont arrivés à l'agrégation. Le temps des leçons d'apparat et des auditoires bénévoles était décidément bien passé ; mais les étudiants n'avaient pas seulement besoin de la leçon du professeur ; il leur fallait des laboratoires et des salles de travail auprès d'une bibliothèque bien organisée. En 1874, Lallemand fit construire une grande salle de manipulation au-dessous du cabinet de physique ; la chimie avait aussi une salle de travaux pratiques, et les deux services communiquaient avec un grand amphithéâtre qui leur était commun ; mais ces salles de travail étaient froides et humides, surtout le service de la chimie qui manquait d'air et de lumière.

Les professeurs d'histoire naturelle avaient une salle de collection commune; mais pas de salles de travail pour les élèves. En 1883, on loua, rue de l'Hospice, une maison où M. Schneider installa les travaux pratiques de zoologie et de botanique. C'est à partir de ce moment que s'effectuèrent des recherches importantes et que des thèses intéressantes virent le jour à Poitiers, sous l'habile direction du professeur. Nous arrivons à l'année 1885 dont la fin fut marquée par le décret célèbre qui constitua en un seul corps toutes les Facultés d'un même centre, et créa le conseil général des Facultés sous la présidence du Recteur. C'est M. Chaignet, correspondant de l'Institut, aujourd'hui recteur honoraire, qui présida jusqu'en 1890 le conseil général des Facultés. Lallemand, que son âge et ses services désignaient aux suffrages de ses collègues, en fut le premier Vice-Président. Elu en février 1886, il mourut le 16 mars suivant, après une courte maladie et presque à la veille de la retraite, car il allait bientôt terminer ses 70 ans. Lallemand laissait un passé des plus honorables comme savant et comme professeur; ses travaux d'optique et de chimie organique lui avaient obtenu le titre de *Correspondant de l'Académie des sciences*. Il avait déjà amélioré le service de la physique et organisé une très belle collection d'instruments. De plus, il avait fait créer un cours complémentaire de physique confié à M. Texier, professeur agrégé au lycée de Poitiers, et plus tard à M. Meslin, et une conférence de botanique confiée à M. Raynal, ancien professeur au lycée, que son état de santé éloigna bientôt de la Faculté.

M. Durrande succéda à Lallemand en qualité de doyen, et M. Garbe, maître de conférences à la Faculté de Montpellier, fut nommé le 10 mai chargé de cours de physique et professeur titulaire le 30 décembre 1886. On se préoccupait déjà de la lutte qu'allait faire naître dans les centres universitaires la perspective de devenir Université. Le projet primitif du gouvernement réduisant à un petit nombre les villes favorisées, on cherchait à créer à la ville de Poitiers des titres à cet honneur. De là, la pression exercée sur la municipalité pour qu'elle se décidât à la construction d'une nouvelle Faculté des sciences et à la restauration des autres Facultés et des bibliothèques. De là aussi la pensée de créer des enseignements nouveaux adaptés aux besoins de la région. Or, le Poitou étant un pays essentiellement agricole, il y avait lieu d'organiser dans les Facultés de droit et des sciences un enseignement utile aux jeunes gens qui n'aspirent qu'à vivre dans leurs propriétés et à diriger par eux-mêmes l'exploitation de leurs biens. En 1890, le doyen de la Faculté des sciences faisait approuver par le conseil général des Facultés un projet d'organisation d'enseignement supérieur de l'agriculture. En combinant certains cours des Facultés de droit et des sciences avec quelques cours complémentaires faits par des spécialistes compétents, on constitua un ensemble qui conquit les sympathies générales et aurait eu les plus heureux résultats sans l'opposition que l'on rencontra au ministère de l'agriculture. Tandis que le conseil général de la Vienne et le conseil municipal de Poitiers nous accordaient, chacun, une subvention annuelle de 2000 francs, le ministère de l'agriculture, sur la sympathie duquel nous comptions, non seulement ne voulut rien donner, mais trouva même mauvais que le professeur d'agriculture du département nous prêtât son concours.

Les cours d'enseignement agricole durèrent quatre ans. Tenus en suspicion au ministère de l'agriculture, nous recevions les encouragements du ministère de l'instruction publique. Cela nous valut même en 1891 un maître de conférences de botanique et un peu plus tard le dédoublement de la chaire de zoologie et botanique que la Faculté demandait depuis longtemps.

Quelque temps avant la création de l'enseignement agricole, notre collègue Isambert avait fondé, avec le concours du département de la Vienne, un laboratoire d'analyses qui fonctionne encore aujourd'hui, comme une annexe de la Faculté, sous la direction du professeur de chimie, et qui rend les plus grands services au département et à la région.

Cette année 1890 devait être funeste à notre compagnie. Isambert, dont la santé avait déjà été altérée en 1876, et était devenue absolument mauvaise en 1890, succombait le 2? octobre. Isambert, que ses travaux avaient plusieurs fois mis en ligne pour le titre de *Correspondant de l'Académie des sciences*, mourait sans avoir obtenu la croix de chevalier de la Légion d'honneur, ou celle du Mérite agricole, et après sa mort, amère dérision ! l'Académie des sciences décernait le prix Jecker de 10.000 fr. à l'ensemble de ses travaux de chimie.

En même temps que la mort nous enlevait un excellent collègue, une retraite prématurée en éloignait un second. M. Contejean quitta la Faculté à la fin de l'année scolaire 1890, quatre ans avant l'époque de la retraite officielle et en pleine force. Il jouit de cette retraite dans son pays natal, à Montbéliard, et ne semble pas gêné par le poids des années qu'il porte avec aisance. L'étude des terrains et de la flore de ce pays lui a fourni de nombreux sujets de travail, et on lui doit des *Eléments de géologie et de paléontologie*, ouvrage assez important de 750 pages, publié par J.-B. Baillère (1874).

La mort d'Isambert et le départ de M. Contejean entraînèrent la nomination de deux nouveaux collègues.

M. Welech, agrégé, docteur ès sciences, professeur dans

un lycée de Paris, est chargé du cours de géologie et de minéralogie, en remplacement de M. Contejean (8 juillet 1890).

M. Roux, ingénieur civil, docteur ès sciences, maître de conférences de chimie industrielle à la Faculté des sciences de Lyon, est chargé du cours de chimie (8 novembre 1890).

Le 21 avril 1891, M. Guitteau, qui avait déjà été chargé de conférences de chimie, était nommé chef de travaux pratiques.

Enfin, le 28 septembre 1891, M. Dangeard, docteur ès sciences, chef des travaux pratiques à la Faculté des sciences de Caen, était nommé maître de conférences de botanique.

La Faculté voyait ainsi son ancien personnel plus que doublé. J'ajouterai, pour mémoire, qu'en 1889, M. R. Perrier, alors professeur au lycée de Poitiers, avait été chargé d'un cours complémentaire de minéralogie, et que pendant la maladie d'Isambert, en 1890, M. Pigeon, agrégé-préparateur à l'Ecole normale, avait été chargé de la suppléance de chimie. Mais ces deux professeurs n'ont fait que traverser Poitiers.

En même temps que se complétait le personnel enseignant de la Faculté, les auxiliaires devenaient aussi plus nombreux, et chaque chaire de sciences physiques et naturelles avait son préparateur.

En 1892, on commença enfin les travaux de reconstruction de la Faculté des sciences ; la période des tâtonnements et des discussions faisait place à celle de l'action. Il fallut deux ans pour l'achèvement des instituts de physique, de chimie et d'histoire naturelle. L'inauguration fut faite par M. le Ministre de l'Instruction publique Spuller, accompagné de M. Liard (mai 1894). Ainsi se termine la seconde période de l'histoire de notre Faculté.

III. — 1894-1900.

La troisième période est marquée par l'établissement de l'année préparatoire d'enseignement des sciences physiques, chimiques et naturelles et par les modifications de la licence.

Au point de vue du personnel, MM. Roux et Welsch étaient titulaires avant 1894, M. Dangeard le devint le 29 novembre 1894.

L'année préparatoire est inaugurée avec le personnel suivant : physique, M. Garbe ; chimie, M. Guitteau ; zoologie, M. Schneider ; botanique, M. Dangeard (1).

Pour la première année, le nombre des étudiants ne dépassant pas 15 ou 16, les salles de travaux pratiques des nouveaux instituts suffisaient ; mais lorsque ce nombre atteignait 50, il fallut songer à construire des laboratoires spéciaux, et c'est ainsi que furent construits : un laboratoire de chimie de quarante places dans la cour de l'Institut de chimie ; un laboratoire de zoologie mis en communication avec celui de l'Institut de zoologie ; et un laboratoire commun au service de la physique et au service de la botanique. Les travaux pratiques ont lieu tous les matins de huit à onze heures, et les leçons se font le soir de 3 à 6 heures.

L'enseignement et les travaux pratiques de l'année préparatoire sont très bien organisés. M. Liard, directeur de l'enseignement supérieur, est venu s'en assurer, il y a deux ans, et sa visite fut suivie d'une lettre du Ministre de l'Instruction publique félicitant la Faculté sur le bon-

---

(1) Depuis le 16 octobre 1895, M. Delvalez, professeur agrégé au lycée, est chargé du cours complémentaire de physique, en remplacement de M. Garbe.

fonctionnement de ce service et sur le dévouement des maîtres chargés de cet enseignement.

Dans l'enseignement supérieur proprement dit, il y a lieu de remarquer la modification de l'examen de licence et sa division en certificats d'études supérieures. A la Faculté de Poitiers, on s'est borné à créer neuf certificats correspondant aux anciennes divisions des trois licences. Les Facultés qui ont un très nombreux personnel en ont créé un plus grand nombre. A Poitiers, ce sont les études d'histoire naturelle et de chimie qui attirent le plus de candidats ; il doit probablement en être de même partout.

Le 25 novembre 1896, eut lieu l'inauguration solennelle de l'Université de Poitiers, dans une séance tenue à l'Hôtel-de-Ville et présidée par M. le Recteur Cons. C'est M. Compayré qui avait posé la première pierre de la Faculté des sciences.

Le 17 mars 1898, M. Garbe fut nommé doyen en remplacement de M. Durrande, nommé doyen honoraire.

Le 30 octobre 1899, M. Bodroux, docteur ès sciences, ancien élève de la Faculté, a été nommé maître de conférences de chimie, en remplacement de M. Guitteau, décédé.

Ce sont là les modifications les plus récentes dans le personnel de la Faculté des sciences de Poitiers.

II. — TRAVAUX DES PROFESSEURS

(1889-1900)

M. Garbe, professeur de physique.

1. *Sur les franges des réseaux parallèles.* (Journal de physique théorique et appliquée, 2ᵉ série, t. IX, 1890).

2. *Progrès en électricité dans le XIXe siècle.* (Discours de rentrée des Facultés de Poitiers, 1894.)

M. Delvalez, chargé de cours de physique.

Photographies colorées obtenues directement. (Comptes rendus de l'Académie, 1898.)

M. Roux, professeur de chimie.

Dans le *Bulletin de la Société chimique* :
1. *Note sur la formation du Durol.*
2. *6 notes sur la dispersion dans les dissolutions aqueuses et dans les composés organiques.*

M. Bodroux, maître de conférences de chimie.

1. *Action du brome en présence du bromure d'aluminium sur quelques composés aromatiques.* (Thèse de doctorat, 1898.)
2. *7 Notes dans le Bulletin de la Société chimique sur l'action du brome en présence du bromure d'aluminium et sur celle des sels de plomb.* (1898 et 1899.)

M. Schneider, professeur de zoologie.

Cycle évolutif des coccidées. (Tablettes zoologiques, t. II.)
Injections fines. —
Mélanges arachnologiques. —
Sur le genre Piléocephalus. —
Nouveau sporozoaire. —
Dimorphisme nucléaire dans le genre Hoplitophrya.
Existence d'artères latérales chez les amphipodes.

M. Dangeard, professeur de botanique.

53 *Notes parues pour la plupart dans les 7 premiers volumes du journal* Le Botaniste, publication du laboratoire de botanique de la Faculté.

M. Contejean, professeur honoraire de géologie.

Revue de la Flore de Montbéliard, 1892.

M. Welsch, professeur de géologie et minéralogie.

Notes et mémoires de géologie et de géographie physique publiés dans le Bulletin de la Société géologique de France, C. R. Académie des sciences de Paris, Annales de géographie, Bulletin du service de la carte géologique de France.

Collaboration au service de la carte géologique détaillée de la France pour les feuilles au 80.000ᵉ de *Confolens, Saumur* et *Niort*.

FACULTÉ DES SCIENCES DE L'UNIVERSITÉ DE POITIERS

Statistique des examens subis de 1889 à 1899 inclusivement.

Années	Baccalauréat ès sciences complet	Baccalauréat ès sciences restreint	Baccalauréat classique (lettres-mathématiques)	Baccalauréat moderne (lettres-mathématiques)	Baccalauréat moderne (lettres-sciences)	Licence ès sciences	Certificats d'études supérieures	P. C. N.	Totaux par année	Observations
			Candidats examinés.							
1889	516	109	»	»	»	22	»	»	647	La proportion des admis pour 100 examinés est de :
1890	495	102	»	»	»	28	»	»	625	1° 38,8 pour l'ensemble des baccalauréats ;
1891	509	180	»	»	»	22	»	»	711	2° 30 pour la licence ;
1892	551	209	62	»	»	35	»	»	857	3° 63,7 pour les certificats d'études supérieures ;
1893	446	184	112	22	34	29	»	»	827	4° 81 pour le P. C. N.
1894	412	195	90	55	41	22	»	»	815	5° 39 pour l'ensemble général.
1895	56	9	112	81	42	21	»	17	337	
1896	»	»	117	91	43	26	»	31	308	
1897	»	»	124	105	50	5	»	53	337	
1898	»	»	144	146	20	»	38	59	407	
1899	»	»	162	143	3	»	53	48	409	
Totaux	2985	988	923	642	233	210	91	208	6280	

Faculté des Lettres

I. — HISTORIQUE

La Faculté des lettres de Poitiers a été créée par l'ordonnance royale du 8 octobre 1845, promulguée sur la proposition du ministre de l'instruction publique, Villemain. Le 18 novembre suivant, Saint-Marc Girardin installait ses premiers professeurs. Dotée à l'origine et pendant longtemps d'un personnel trop réduit, la Faculté doit son développement à la troisième République.

Le nombre des professeurs de la Faculté n'était en effet jusqu'en 1878 que de 5, occupant les chaires d'histoire, de philosophie, de littératures étrangères, de littérature française et de littératures anciennes. De 1878 à 1882, sous l'habile impulsion d'Albert Dumont, 4 maîtrises de conférences sont créées pour la littérature grecque, l'histoire, la langue et la littérature latine et la philosophie. Si le personnel ainsi élevé à 9 membres se trouva ensuite réduit par la suppression ou plutôt par la transformation des maîtrises en cinq conférences attribuées à des professeurs du lycée et à un professeur de la Faculté, du moins en 1882 le nombre des chaires fut-il porté à 6 par le dédoublement de celle de littérature ancienne en deux chaires distinctes, l'une pour la littérature grecque, l'autre pour la littérature latine. Aux 6 professeurs titulaires, successivement privés de la collaboration des professeurs de lycée chargés de conférences, sont venus s'adjoindre, en novembre 1894, un maître de conférences de philologie classique, et en mars 1895 un maître de conférences d'histoire. Cette dernière maîtrise a été transformée en chaire magistrale (décembre 1894), à la suite d'une entente entre l'Etat et la ville de Poitiers, qui sont convenus de transformer en enseignement définitif le cours d'histoire du Poitou organisé à titre provisoire en décembre 1886. L'Université de Poitiers récemment inaugurée a enfin doté la Faculté des lettres de deux maîtrises de conférences nouvelles, l'une pour l'anglais (décembre 1897), l'autre pour la langue et la littérature française (décembre 1899). La Faculté compte donc actuellement 10 membres à titre permanent, 2 fois plus qu'en 1845, à savoir 7 professeurs titulaires et 3 maîtres de conférences.

Longtemps réduits à professer dans des locaux exigus et mal distribués, les membres de la Faculté ont bénéficié dans une large part des travaux de réfection entrepris de concert par l'Etat et par la ville de Poitiers, de 1888 à 1894. Deux grandes salles de cours, 5 salles de conférences, 2 salles de réunion ont été aménagées. Grâce à son budget particulier et à diverses subventions, la Faculté a pu organiser des collections de moulages, d'eaux-fortes, de reproductions de l'art antique, de facsimilés paléographiques, de cartes géographiques. Elle espère compléter ou accroître ces collections. Une subvention de 150 fr. allouée par l'Etat en 1883, une allocation de 300 fr. annuellement consentie par la ville de Poitiers depuis 1892 lui permettent de distribuer des prix à ses meilleurs étudiants. Elle a publié de 1882 à 1893 un Bulletin qui témoigne de l'activité scientifique de ses maîtres et de ses élèves. Elle a enfin la satisfaction de pouvoir affirmer que si son budget n'est pas aussi bien doté que celui de certaines Universités voisines, du moins elle est la seule Faculté française qui verse à l'Etat un excédent de recettes. Dès 1881, la Faculté des lettres de Poitiers, défalcation faite de ses dépenses, donnait au Trésor 16.000 fr. d'excédent de recettes sous forme de droits d'examens ; en 1892, cet excédent s'élevait à 20.000, et il s'élève depuis 1897 annuellement entre 40 et 50.000 fr.

Ce n'est pas uniquement sous cette forme tangible et matérielle, qui a d'ailleurs son prix, que la Faculté des lettres de Poitiers a justifié les sacrifices faits en sa faveur par l'Etat et la municipalité poitevine. Elle n'a jamais non plus perdu de vue le haut idéal qui est assigné à l'enseignement supérieur. Les chiffres, qui ont leur éloquence plus sobre sinon plus persuasive que les mots, montrent que surtout depuis 20 ans, elle a poursuivi de front la vulgarisation de la science, la formation d'un personnel enseignant instruit, sans oublier de participer par les travaux personnels de ses membres à la grande œuvre de recherches littéraires et scientifiques dont la seconde moitié du XIXe siècle est si justement fière. La Faculté, jusqu'en 1878, n'était guère organisée que pour le premier de ces objets. Ses membres faisaient surtout des cours publics avec un zèle mal récompensé par les résultats pratiques de ce système. Ils ne possédaient pas d'auditoire permanent, vraiment digne de profiter de leurs leçons. Les candidats aux grades universitaires, répétiteurs, régents de collège, professeurs de lycées, ne recevaient des Facultés aucun secours efficace. En 1872, on constatait encore que sur 100 candidats à la licence, 80 étaient incapables d'arriver, faute de préparation. En 1851, la Faculté des lettres de Poitiers proclamait avec une espèce d'étonnement qu'elle avait un étudiant ! On essaya en 1853 de lui donner des élèves en obligeant les étudiants en droit à suivre ses cours ; mais, en dépit des peines disciplinairés, ces étudiants ne formèrent jamais qu'un auditoire irrégulier, rétif et inattentif. En 1856, les professeurs tentent d'instituer des conférences pour la licence, mais ils ne parviennent à grouper autour d'eux que de rares disciples. En 1867, c'est à peine si 2 maîtres répétiteurs suivent leurs leçons. L'institution des maîtres auxiliaires sous le ministère Duruy permet à la Faculté d'avoir des étudiants plus sérieux, mais encore trop clairsemés. En 1875, la Faculté des lettres donne seulement 10 cours ou conférences par semaine, soit au total environ 250 à 280 cours et conférences par an. Le chemin parcouru depuis cette époque apparaît nettement à la lumière des chiffres. En 1894, la Faculté a donné 567 *cours et conférences ; en* 1897, 633 ; en 1899, 748, c'est-à-dire deux à trois fois plus qu'en 1875.

Les cours publics n'ont cessé à Poitiers d'attirer une clientèle fidèle, plus ou moins nombreuse suivant le caractère des leçons professées. Contrairement à l'opinion reçue, on voit, d'après les documents, que l'attraction qu'ils exercent sur le public lettré n'a pas décru. Ils sont même plus fréquentés aujourd'hui que dans les dernières années du second Empire. Mais c'est surtout le public spécial des étudiants qui s'est constitué et se développe depuis 25 ans auprès de la Faculté. Au lieu de l'unique étudiant de 1851, au lieu des 2 étudiants de 1859, au lieu de l'unique étudiant de 1872, au lieu des 7 étudiants de 1876, elle a compté 54 étudiants en 1881, 91 en 1890, 96 en 1897, 107 en 1899. Le nombre des étudiants résidents, qui n'était que de 9 en 1877, s'est élevé en 1882 à 20, en 1887 à 29, à 32 en 1898, à 39 en 1899. Et pourtant la Faculté des lettres a vu décroître le nombre de ses boursiers, alors que beaucoup d'Universités ont conservé les leurs de la munificence de l'Etat. Les boursiers, qui comptaient pour le chiffre de 13 dans l'effectif total des étudiants, ne sont plus en 1899 qu'au nombre de 3. Les maîtres répétiteurs, au nombre de 7 à 10 pendant longtemps, parmi les étudiants résidents, ne sont plus que 5 en 1898 et 1899. Au contraire, la Faculté a vu s'accroître constamment le nombre de ses étudiants libres. Ils n'étaient que 3 en 1881, ils sont au nombre de 32 à 37 dans les trois dernières années. Elle a vu s'accroître également jusqu'au chiffre de 70 en 1899 l'effectif de ses étudiants correspondants assidus aux conférences du jeudi. Elle prépare actuellement aux diverses licences, au certificat d'aptitude pour les langues anglaise et allemande (l'effectif des étudiants pour les certificats va toujours croissant), au diplôme supérieur d'études historiques depuis 1895, aux diverses agrégations, et enfin, sur la demande de l'administration académique, au certificat exigé des professeurs d'Ecole normale et des inspecteurs primaires.

L'usage s'est répandu depuis longtemps pour les candidats au doctorat ès lettres de rechercher l'investiture de la Sorbonne. La Faculté des lettres de Poitiers n'a donc décerné que 3 diplômes de docteur ès lettres depuis sa fondation, 2 en 1846, 1 en 1886. Elle a eu à examiner un assez grand nombre de thèses dont elle a prononcé l'ajournement. Elle s'apprête cependant en 1900 à quelques soutenances de thèses. Le diplôme supérieur d'études historiques créé en 1894 ne lui a fourni encore que 4 mémoires et 4 candidats reçus ; l'institution est encore peu connue et ne semble attirer que les candidats à l'agrégation d'histoire. Elle a cependant donné lieu à quelques travaux de mérite. La Faculté de Poitiers, depuis sa fondation, a surtout conféré des diplômes de licence. En 1846, sept candidats seulement se présentaient devant elle ; le chiffre oscille ensuite de 1847 à 1857 entre 21 au plus et 9 au moins. De 1858 à 1877, le maximum des candidats est de 30 par an, le minimum de 12. Les rapports attestent la faiblesse des épreuves. De 1846 à 1881, la Faculté des lettres de Poitiers avait délivré 210 diplômes de licence, et examiné d'après nos calculs 613 candidats. De 1881 à 1899, elle a examiné, suivant nos relevés, 573 candidats et délivré 241 diplômes. Elle a donc en 18 ans examiné presque autant de candidats que dans les 35 années précédentes, et prononcé plus d'admissions. Le relèvement très sensible du niveau des études est attesté par les rapports annuels des doyens.

En même temps, la Faculté des lettres de Poitiers a vu croître dans d'énormes proportions le nombre des candidats au baccalauréat ès lettres qui se présentent devant elle. En 1846 et 1847, c'est à peine si elle avait 218 et 274 candidats à examiner ; le maximum des examens qu'elle faisait passer annuellement de ce chef s'élevait seulement une fois à 703 pendant les 24 premières années de son existence. Depuis sa fondation jusqu'en 1881, la Faculté avait délivré cependant 8760 diplômes de baccalauréat, soit 7 à 8 0/0 des diplômes conférés par les Facultés françaises. Sa tâche n'a cessé depuis 1877 de s'accroître. Les calculs que nous avons faits donnent pour la période 1877-1892 le chiffre de 22 473 candidats examinés par la Faculté des lettres de Poitiers, et dans l'espace de 7 ans seulement, de 1893 à 1899, celui plus imposant encore de 17.115. Ainsi pour une durée de 23 ans, près de 40 000 candidats se sont présentés devant la Faculté des lettres Le chiffre des candidats, qui variait de 1100 à 1800 entre les années 1877 et 1892, s'est élevé à 1961 en 1893, à 2274 en 1894, à 2590 en 1896, à 2747 en 1899, c'est-à-dire 12 fois plus qu'en 1846, 4 fois plus qu'en 1869, 2 à 3 fois plus qu'en 1877. Pour le nombre des examens de baccalauréat, Poitiers, qui occupait le 4ᵉ ou le 5ᵉ rang parmi les Falcultés, occupe aujourd'hui en 1900 le 2ᵉ, immédiatement après Paris On a calculé qu'en 1888 ces examens exigeaient par professeur 520 présences à Poitiers, 420 seulement à Paris, que chaque professeur, à Poitiers, avait une moyenne de 240 candidats à examiner et 220 seulement à Paris. Le chiffre des présences aux examens par professeur s'est élevé à 700 en 1892, et il s'est encore accru depuis. On aura une idée de la somme de travail exigé de la Faculté pour ces épreuves seules, en songeant que dans l'année 1896-97 elle a fait passer 1758 examens oraux, qu'en 1897-1898, elle a fait passer 1854 examens de ce genre, et qu'en 1898-99, elle a eu à corriger environ 4500 copies de baccalauréat.

En dépit de leurs occupations professionnelles si actives, parfois même si écrasantes, les professeurs de la Faculté des lettres ont contribué, chacun pour leur part, au travail littéraire et scientifique de ce demi-siècle. Pour ne citer que les noms de ceux qui ne lui appartiennent plus, mais dont elle garde avec fierté le souvenir, la Faculté s'honore d'avoir vu naître la plupart des travaux de Paul Albert, de Beaussire, de Chaignet, et d'avoir suscité les premières études d'A.-F. Aulard, d'avoir eu pour doyen, pendant 14 ans, Arren, qui fut maire de la ville, comme tel le promoteur des agrandissements et des restaurations dont sont l'objet nos bâtiments universitaires depuis 1888. Depuis 1889, la liste est longue des publications de ses membres, et elle témoigne assez que les fortes recherches et les ouvrages sérieux peuvent éclore dans l'atmosphère paisible d'une ville de province dont la population n'a qu'une importance moyenne aussi bien que dans le milieu bourdonnant et enfiévré de grands centres industriels et commerçants. L'exemple de la Faculté des lettres de Poitiers prouve que la vie intellectuelle peut se perpétuer partout où les traditions, les habitudes, les tendances des habitants, fournissent, comme en Poitou, les conditions favorables de développement, et qu'à tout considérer, ce ne sont pas les plus petits centres universitaires qui sont le moins capables de grands efforts.

II. — TRAVAUX DES PROFESSEURS

(1889-1900)

M. J. A. Hild, professeur de littérature latine et institutions romaines ; doyen de la Faculté depuis novembre 1893.

1. *D. Junii Juvenalis Satira Septima*, texte avec commentaire explicatif et critique, Paris, 1890.

Cicéron, choix de lettres, texte latin, établi et annoté avec introduction et notes, etc , Paris. 1895.

2. *Dictionnaire des Antiquités grecques et romaines* (Daremberg et Saglio), fascicules XIV à XXVIII ; articles : *Eikadistae, Ekdysia, Elakatia, Eisiteria, Eleutheria, Ephesia, Epikleidia, Epinikia, Euergesia, Eumeneia, Eumolpidae, Europa, Eurykleia, Fama, Fatum, Faunus, Febris, Februus, Fecunditas, Feralia, Feronia, Fides, Flora, Floralia, Flumina, Fons, Fordicidia, Fornacalia, Fortuna, Furiae, Furrina, Genius, Glaucus, Herois, Heros, Hieroduli, Horae, Hymenaeus, Iris, Juno-Hera, Junones, Justitia* (Themis et Diké), *Juturna, Juvenalia, Juventas, Lamia, Lares, Larvae, Latinus.*

3. *Grande Encyclopédie.* Plus de cinq cents articles d'importance variée sur des questions de mythologie grecque et romaine, d'histoire et de littérature anciennes. (Lettres C à P.)

4. *Bulletin de la Faculté des lettres de Poitiers* (1889-1893).

1889 : Fables et superstitions populaires dans la littérature latine; les Argées (2 articles). — L'inscription d'Aquinum et la biographie de Juvénal (2 articles).

1890-91 : Juvénal au moyen âge (4 articles). — Rapport sur la question les Universités et des Facultés de Poitiers. — Les maîtres répétiteurs à la Faculté des lettres de Poitiers.

1892 : L'histoire et la critique littéraires chez les Latins (3 articles).

1893 : La correspondance de Cicéron (1 article). — La dernière année de Mozart (conférence musicale).

5. *Mémoires et Bulletins de la Société de antiquaires de l'Ouest.*

1891 : Hercule combattant, statuette du Musée des Augustins (Etude d'archéologie grecque). — Rapport sur les travaux de la Société pendant l'année 1892-1893 : Le Mercure de Sanxay (Etude de mythologie et d'art ancien). — 1894 : L'Université et la Société des antiquaires (Discours du Président à la séance annuelle). — 1896 : L'inscription du Peu-Berland et le culte d'Apollon Atepomarus (reproduit par la *Revue celtique* et par la *Revue poitevine et saintongeoise.*)

6. *Discours universitaires.*

1894. Les qualités morales d'un bon candidat (Distribution des prix du lycée de la Rochelle). — 1896 : Discours prononcé à Belfort, au nom des mobiles de la Haute-Saône, pour le 25ᵉ anniversaire du siège. — Discours prononcé à la séance solennelle de l'Association des femmes de France. — 1897 : De l'Idéal universitaire (Distribution des prix du lycée de Niort). — 1898 : Des règles morales de la curiosité (Distribution des prix de Limoges).

Jacques Parmentier, professeur de littérature étrangère:

1. *Dialogue sur l'éducation anglaise en France entre Francisque Bouillier, Paschal Grousset et Pierre de Coubertin.* Poitiers, 1889.

2. *Les Universités de Lausanne, de Fribourg et de Poitiers.* Poitiers, 1891.

3. *Geschichte der deutschen Litteratur von einem Franzosen.* Paris, 1894.

4. *Histoire de l'éducation en Angleterre.* Paris, 1896.

5. (Revue internationale de l'enseignement.) — *Richard Mulcaster*, n° du 15 décembre 1890. — *Robert Hébert Quick*, n° du 15 octobre 1891. — *Les écoles en Angleterre depuis les Normands jusqu'à la Renaissance*, n° du 15 février 1892. — *Les écoles en Angleterre au temps de la Renaissance et de la réformation*, n° du 15 septembre 1892. — *Jean-Louis Vivès : de ses théories de l'éducation et de leur influence sur les pédagogues anglais*, n° du 15 mai 1893. — *Les langues vivantes à l'examen du baccalauréat de l'enseignement secondaire classique*, n° du 15 juillet 1893. — *Les écoles en Angleterre après la Renaissance et la réformation*, n° du 15 novembre 1893. — *John Brinsley*, n° du 15 juin 1894. — *De l'éducation de la noblesse anglaise du XVIe au XVIIIe siècle*, n° du 15 février 1895. — *La vie et les œuvres du pédagogue allemand Lorenz Kellner (1811-1892)*, n° du 15 janvier 1896. — *Les aphorismes de Lorenz Kellner et la tenue des classes élémentaires des Lycées*, n° du 15 août 1897. — *Deux contributions d'Allemagne à l'histoire de l'éducation en Angleterre*, n° du 15 août 1898. — *De la part du peuple dans la littérature allemande*, n° du 15 avril 1899.

6. (Bulletin mensuel de la Faculté des lettres de Poitiers.) — *M. Compayré pédagogue*, n° du 15 février 1889. — *La littérature pédagogique en Angleterre : Sir Thomas Elyst*, n° de décembre 1889. — *De l'originalité de Locke dans ses pensées sur l'éducation*, n° de mars 1890. — *Les lettres de lord Chesterfield à son fils*, n° de mai 1890. — *Les écoles en Allemagne vers la fin du moyen âge*, n° d'octobre 1890. — *Les écoles en Angleterre et en Irlande avant la conquête des Normands*, n° de mai 1891. — *Roger Ascham et sa méthode pour l'enseignement du latin*, n° de mars 1892. — *Du plan d'éducation de Rabelais imité par Milton*, n° de septembre-octobre 1892.

7. (Revue de l'enseignement secondaire et de l'enseignement supérieur.) — *De l'influence des théories pédagogiques de Locke sur Rollin, Rousseau et lord Chesterfield*, n° du 1er mai 1890. — *La routine du latin dans les écoles d'Angleterre après la Renaissance ; demandes de réformes*, n° du 7 juillet 1892.

8. (Revue Bleue.) — *Fustel de Coulanges à Strasbourg ; souvenirs d'étudiant*, n° du 26 octobre 1889.

9. (L'instruction publique). — *Hans Sachs*, n° du 8 février 1890.

10. (Revue de l'enseignement des langues vivantes.) — *Esther : comédie sur la scène allemande, tragédie sur la scène française*, n° de février 1898. — *Le code poétique de Shakespeare*, n°s d'octobre et de novembre 1898. — *Le mystère de Théophile en Allemagne au moyen âge*, n°s d'octobre, de novembre et de décembre 1899.

11. — *Les jeux et les exercices physiques dans les écoles normales et les écoles primaires*. (Mémoire qui, au concours Bischoffsheim en 1890, a obtenu une médaille de vermeil et est devenu la propriété du Ministère de l'Instruction publique.)

E. Ernault, professeur de littérature et institutions grecques.

1. *Glossaire moyen-breton*, Paris, 1895-1896.
2. *Pages et pensées morales extraites des auteurs grecs*, Paris, 1897.
3. *Petite grammaire bretonne*, Saint-Brieuc, 1897.
4. *Ar groaz Doue*, Saint-Brieuc, 1897.
5. *Bulletin mensuel de la Faculté des lettres de Poitiers*, 1889-1893 :

Le mot gaulois *exacon* ; sur les degrés de comparaison ; *que* retranché eu français ; Notes sur l'inscription du Vieux-Poitiers ; Notes sur l'Iliade latine, etc.

6. *Bulletin de la Société des antiquaires de l'Ouest*, 1896 et 1899 : Note sur le vieux français *saintier* ; Une vieille histoire, l'épisode de Glaucos.

7. *Revue celtique*, t. X-XXI : Etudes bretonnes ; Versions bretonnes de l'enfant prodigue ; Noms bretons des points de l'espace ; Sur la rime intérieure en breton moyen ; Deux bardes bretons ; Une phrase en moyen-breton ; Sur quelques textes franco-bretons; La désinence bretonne de la première personne du pluriel ; La particule bretonne *en, ent, ez* ; Le breton *concoez*, « gourme » ; Sur les mots bretons *raoulhin, gorsou...* ; Les vers bretons de J. Cadec ; Sur la chute de *er* final en breton ; Sur le mystère de saint Guénolé ; Sur le *Credo* breton du XVe siècle ; etc.

8. *Mémoires de la Société de linguistique de Paris*, t. X et XI : Etymologies bretonnes.

9. *Mélusine*, t. IV-X : Chansons populaires de la Basse-Bretagne ; Dictons et proverbes bretons ; Les noms du diable en breton ; Le jeu des lignes verticales ; Les pieds ou les genoux à rebours ; etc.

10. *Annales de Bretagne*, t. XIV-XV : L'épenthèse des liquides en breton ; Notes d'étymologie bretonne.

11. *Revue Morbihannaise*, t. I-V : Etudes vannetaises; Sur un ancien livre vannetais ; etc.

12. *Zeitschrift für celtische Philologie*, t. I-III : Sur la mutation faible de *d* après *n* en breton ; Les pluriels bretons en *er* ; Les formes de l'infinitif breton ; Sur les mots bretons *get, gant*, etc.

13. *Archiv für celtische Lexikographie*, t. I : Les cantiques bretons du *Doctrinal*.

14. Collaboration aux publications suivantes : Léon Ernault (et F. Robiou), *Marbode*, Rennes, 1890 ; E. Chevaldin, *Manuel d'ortografe française simplifiée*, Paris, 1894 ; G. Boissière, *Notions de prosodie et métrique latines*, Paris, 1893 ; G. Boissière, *Notions de versification française*, Paris, 1893 ; H. d'Arbois de Jubainville (et G. Dottin), *Les noms gaulois chez César et Hirtius*, Paris, 1891 ; E. Benoist et S. Dosson, *Jules César, Commentaires sur la guerre des Gaules*, Paris, 1893 ; A. Holder, *Altceltischer Sprachschatz*, Leipzig, 1891-1900 ; *Flore populaire*, Paris, 1896, 1899 ; X. de Cunha, *Pretidao de amor*, Lisbonne, 1893 ; *Revue des traditions populaires*, t. XIII et XIV ; *Bulletin de la Société archéologique du Finistère*, t. XVIII ; *L'Hermine*, t. XIII-XVIII ; *Mémoires de la Société d'émulation des Côtes-du-Nord*, 1899 ; *Bulletin critique*, 1895, 1897, 1899 ; *Journal des Savants*, 1897 ; *Revue scolaire*, 1895 ; *Union universitaire*, 1895 ; *Le Républicain de la Vienne*, 1895, etc.

Henri Carré, professeur d'histoire.

LIVRES.

Recherches sur l'administration municipale de Rennes, au temps de Henri IV. Paris, 1889, in 8º ;

La France sous Louis XV, Paris, 1892, in-8º (ouvrage illustré);

La Chalotais et le duc d'Aiguillon; correspondance inédite du chevalier de Fontette, Paris, 1893, in-8º;

Correspondance inédite du Constituant Thibaudeau. (Ouvrage en collaboration avec M. Boissonnade.) Paris, 1898, in-8º;

Le règne de Louis XV (sous presse). Paris, in-8º.

ARTICLES DE REVUE.

La Révolution française :

L'histoire des Archives du département de la Vienne par M. A. Richard, 1892.

Les fêtes d'une réaction parlementaire (1774-1775), juillet 1892.

Quelques mots sur la presse clandestine, à la fin de l'ancien régime, février 1894.

La tactique et les idées de l'opposition parlementaire, d'après la correspondance inédite de Cortot et Godard (1788, 1789), août 1895.

La Révolution au parc de Blossac, à Poitiers (1790-1798), juillet 1897.

Le Conseiller d'Eprémesnil (1787-1788), octobre et novembre 1897.

Revue de Paris :

Les émigrés français d'Amérique, 15 mai 1898.

Revue universitaire :

Dupaty et la correspondance de Vergniaud, mars 1893.

Revue historique :

Article nécrologique sur M. Ant. Dupuy, 1891.

Revue critique :
> La « Devineresse » de M. Frantz Funck Brentano, et les « Docteurs modernes », septembre 1895.

Le Monde moderne :
> Une spéculation financière du Cardinal de Rohan (1778-1785), février 1895 ;
> M. Necker, la presse d'opposition, et la Neckromanie (1780-1781), novembre 1895 ;
> Les magnétiseurs d'il y a cent ans : Mesmer et ses disciples, octobre 1896.

Revue encyclopédique :
> Le livre de M. Perrin sur le cardinal de Brienne, 26 février 1898 ;
> M. de Nolhac et la Dauphine Marie-Antoinette, 26 février 1898 ;
> M. Bonnal des Ganges et sa publication sur les représentants en mission, 1898.
> M. Marion et son livre sur la Bretagne et le duc d'Aiguillon, 24 septembre 1898.

Le Voltaire :
> L'Eglise et l'Etat en France de 1789 à 1870, par M. Debidour (23 et 24 avril 1898).

Dictionnaire encyclopédique :
> Art. Du Barry, Barbier, Barentin, Christ. de Beaumont, de Beauregard, Belle-Isle, Belzunce, Bernis, Choiseul, Collier (Aff. du), Corsembleu, Créqui (M^{ise} de), etc.

Bulletin de la Faculté des Lettres de Poitiers :
> Le pouvoir législatif au temps de Louis XV, 1889.
> La noblesse de robe au temps de Louis XV, 1889.
> Le barreau de Paris, et la radiation de Linguet, 1892.

La légende de Cathelineau par M. C. Fort, 1893.

Le mémoire de M. Necker sur les Assemblées provinciales (1781), 1893.

Mémoires de la Société des Antiquaires de l'Ouest :

Rapport sur les travaux de la Société pendant l'année 1895, t. XVIII.

Discours prononcé à la séance publique annuelle, janvier 1898, t. XX.

Rapport sur les travaux de l'année 1899, t. XXII.

Bulletins de la Société des Antiquaires de l'Ouest :

Histoire d'une lettre de cachet, et d'un aventurier poitevin (1785-1796), 1895.

Rentrées solennelles des Facultés :

Rapport général sur la situation des Facultés et de l'Ecole de médecine de Poitiers, pendant l'année scolaire (1893-1894), Poitiers, 1895, in-8º.

Rapport général sur la situation de l'Université de Poitiers durant l'année scolaire (1897-1898), Poitiers, 1899, in-8º.

M. Boissonnade.

1. *Essai sur la géographie historique et démographique de la paroisse d'Angoumois*, in-8º, 1890, 180 pages.

2. *Histoire des volontaires de la Charente, pendant la Révolution* (1791-94), in-8º, 250 pages, 1890.

3. *Les archives de Navarre à Pampelune et les archives de Castille au château de Simancas* (rapport sur une mission en Espagne), in-8º, 40 p. (ext. des Archives des missions, tome XVII), 1891.

4. *La panique de juillet 1789 en Angoumois.* (Journal la Charente, 1891, janvier.)

5. *Histoire de la réunion de la Navarre à la Castille.*

Essai sur les rapports des princes de Foix-Albret avec la France et l'Espagne (1479-1521), in-8o, 780 p., Paris, 1893.

    Ouvrage couronné par l'Académie française (prix Thérouanne, 1894).

6. *La réunion des comtés de la Marche et d'Angoulême, et les rapports des comtes avec les rois d'Angoulême et de France* (1179-1328), in-8o, 1893, 140 pages.

7. *Un séjour de Richelieu à Angoulême (1619), et les revenus de l'évêché de Luçon.* (Bulletin, comité des travaux historiques, 1894.)

8. *Les octrois d'Angoulême sous l'ancien régime* (XIVe et XVIIIe s.) (ibid.), 1894.

9. *Une administration cantonale sous le Directoire* (1894, ibid.).

10. *Histoire du collège et du lycée d'Angoulême* (1519-1895), in-8o, 1895, 450 p. (En collaboration avec M. Bernard.)

11. *Les successeurs de Philippe II et l'Espagne dans la première moitié du XVIIe siècle* (Histoire générale sous la direction de MM. Lavisse et Rambaud, tome V), 1895.

12. *L'Espagne sous le règne d Charles II* (ibid., tome VI), 1895.

13. *L'Espagne sous les premiers Bourbons* (ibid., tome VII), 1896.

14. *L'Espagne et le Portugal pendant la période du Despotisme éclairé* (ibid., tome VII), 1896.

15. *La police municipale à Poitiers au XVIIe siècle.* (Bulletin de la Société des antiquaires de l'Ouest, 1896.)

16. *Les fêtes de village en Poitou et en Angoumois au XVIIIe siècle.* (La tradition en Poitou, 1896.)

17. *La vie ouvrière en Poitou au XVe siècle* (ibid.), 1896.

18. *La papeterie d'Angoumois : autrefois et aujourd'hui* (dans le volume *En Charente*), in-4o, 1896.

19. *La vie de l'instituteur français au XIX⁰ siècle.* (Journal la Charente, 1896.)

20. *Essai sur les rapports de l'Etat avec la grande industrie en France du XV⁰ siècle à la Révolution*, mss. in-4°, 700 p.

    Couronné par l'Académie des sciences morales (prix Rossi, 1897).

21. *Les comtes d'Angoulême, les coalitions contre Richard Cœur de Lion et les poésies de Bertran de Born.* (1176-1194. Annales du Midi, 1895.)

22. *La papeterie d'Angoulême et de la Charente et son histoire.* (Le Pays Poitevin, 1898.)

23. *Correspondance du Constituant Thibaudeau (1789-1791)*, in-8°, 210 p., 1898 (en collaboration avec M. Carré).

24. *Etude sur Michelet et son œuvre*, in-8°, 24 p., 1898.

25. *Le péril économique allemand et l'industrie française*, 1899.

26. *Etude sur le régime des Manufactures royales en France avant la Révolution*, mss. in-4°, 500 p.

    Couronné par l'Académie des sciences morales (prix du budget, 1899).

27. *Essai sur l'organisation du travail en Poitou*, tome Ier, in-8°, 521 p., 1899.

28. *Les négociations entre Ferdinand le Catholique et Louis XII et la trêve du 1er avril 1513*, in-8°, 40 p. (Revue d'histoire moderne et contemporaine, nov. 1889), in-8°.

29. *Notice sur la Faculté des lettres de Poitiers (1845-1900).* (Livret de l'Université, p. 41, 1900.)

30. *Essai sur l'histoire de l'organisation du travail en Poitou*, tome II, in-8°, 500 p. (sous-presse, 1900).

M. Mauxion, professeur de philosophie.

1. *La métaphysique de Herbart et la critique de Kant*, Paris, 1894.

2. *De voluptate æsthetica*, Paris, 1894.

3. *Bacon de Verulam : de dignitate et augmentis scientiarum* Morceaux choisis, avec une notice biographique, une introduction et des notes, Paris, 1897.

4. *Revue philosophique* : Quelques mots sur le Nativisme et l'Empirisme, juillet 1893.

Louis Arnould, professeur de littérature française.

1. *Méthode pratique de thème grec.* Paris, 1892.

2. *Anecdotes inédites de Racan sur Malherbe.* Supplément à la vie de Malherbe par Racan, publié avec une introduction et des notes critiques, Paris, 1893.

3. *De la vie actuelle de La Fontaine en France.* Leçon d'ouverture d'un cours sur La Fontaine, 2e édition, Poitiers, novembre 1895.

4. *Racan (1589-1670).* Histoire anecdotique et critique de sa vie et de ses œuvres. — Thèse française de doctorat ès lettres, Paris, 1896.

5. *De Apologia Athenagorae* patris graeci IIo seculo florentis « Πρεσβεία περὶ Χριστιανῶν » inscripta. — Thèse latine de doctorat ès lettres, Paris, 1898.

6. *Les stances de Racan sur la retraite.* Extrait de la quinzaine du 1er juillet 1898.

7. *Histoire d'une chaire de littérature française (1845-1899).* Leçon d'ouverture prononcée le 7 janvier 1899. — Extrait de la Quinzaine du 1er avril 1899, enrichi de notes.

8. *La littérature populaire.* Rapport sur le concours littéraire ouvert entre les étudiants de la Faculté des lettres, Poitiers, novembre 1897.

9. Bulletin de la Faculté des lettres de Poitiers : 1889, *Le Criton.* 1890, *La Fontaine à la Foire.* 1891, *Un document inédit* (acte d'inhumation de Racan). — *Griselidis.*

1892, *Par le Glaive*. 1893, *Anecdotes inédites sur Malherbe*, etc.

10. Revue bleue, 3 décembre 1892, *Un reporter au XVII⁰ siècle*.

11. Revue d'histoire littéraire de la France, 15 avril 1899, *Le véritable texte d'une élégie d'André Chénier*.

E. Audouin, professeur adjoint, maître de conférences d'antiquités et de philologie classiques.

1. *Etude sommaire des dialectes grecs littéraires*, Paris, 1891.

2. *Note sur quelques passages du De Bello civili* (Revue de philologie), 1891.

3. Troisième édition des *Règles fondamentales de la syntaxe grecque de Cucuel et O. Riemann*, Paris, 1893.

4. *De l'imitation des Alexandrins dans l'Enéide*, Rapport sur le concours annuel de la Faculté des lettres de Poitiers, Poitiers, 1896.

5. *Olympie et les jeux Olympiques* (Revue des cours et conférences), 1896.

6. *De la déclinaison dans les langues indo-européennes*, Paris, 1898.

7. *De Plautinis anapaestis*, Paris, 1898.

P. Laumonier, maître de conférences de langue et littérature françaises.

1. *Le poète Leconte de Lisle*, conférence, Rochefort-sur-Mer, 1895.

2. *Montaigne précurseur du XVII⁰ siècle*. (Extrait de la Revue d'histoire littéraire de la France, avril 1896.)

3. *V. Hugo, poète national et international*, conférence, Poitiers, 1896.

4. *Etude sur Britannicus*, conférence, Poitiers, 1899.

LISTE DES MÉMOIRES
DE LICENCE ET D'ÉTUDES SUPÉRIEURES
D'HISTOIRE ET DE GÉOGRAPHIE

Noms des étudiants	Titres des Mémoires	Dates
Lodiel	Ronsard satirique.	juillet 1896.
Lafontaine	La morale dans la philosophie de Leibniz.	id.
Chaline	La politique de Platon et son influence.	id.
de Valette	Le sentiment de la nature dans J.-J Rousseau.	nov. 1896.
Navarre	La philosophie d'Horace.	juillet 1897.
Millot	La sociologie naturaliste contemporaine. Essai de critique des tentatives faites pour constituer une « science sociale positive ».	id.
Hervé	Objet de la philosophie et de la psychologie, d'après Jouffroy Essai d'exposition et de critique.	id.
Chesneau	L'idée du souverain bien, d'après Platon	id.
Bouraud	La morale de saint Thomas. Rapports avec celle d'Aristote.	id.
Berthomé	La morale de Descartes.	id.
Bonnet	L'activité de l'esprit chez Condillac.	id.
Robin	Essai sur le panthéisme de Spinoza.	nov. 1897.
Guetrot	Villars d'après les mémoires du duc de Saint-Simon.	id.
de Roux	Les renonciations de 1713 et la querelle des branches d'Orléans et d'Espagne au XVIIIe siècle.	id.

Noms des étudiants	Titres des Mémoires	Dates
Caldemaison	Horace et ses amis.	juillet 1898.
Cordeau	L'amour de la nature chez Horace.	id.
Cordier	Que faut-il penser de la « tendresse » de Racine et comment faut-il comprendre cette épithète de « tendre » qui semble devenue, pour ainsi dire, inséparable de son nom.	id.
Lebas	Les regrets de Joachim du Bellay Le poète élégiaque.	id.
Chaline	La méthode dans Bacon et dans Descartes.	id.
Laurent	La Chambre de justice en 1716.	id.
Giraudias	Le Jansénisme dans le journal de Barbier.	id.
Lagrange	Influence de Chateaubriand sur Lamartine.	nov. 1898.
Vigué	La religion de Chateaubriand.	id.
Delanoë	La Bible dans les tragédies d'Agrippa d'Aubigné.	juillet 1899.
Jalabert	La prédication de saint François de Sales.	id.
Rousselot	L'élément familier dans la tragédie de Corneille.	id.
Cons	Le cardinal de Fleury, d'après les Mémoires du marquis d'Argenson.	id.
Chatry	Le mariage et le divorce, d'après A. Dumas. — La thèse et la psychologie.	nov. 1899.

Noms des étudiants	Titres des Mémoires	Dates
	Mémoires présentés pour le diplôme d'études supérieures d'histoire et de géographie.	
NAZELLE	Le protestantisme parisien à la fin du xvie siècle et au début du xviie siècle. .	2 déc. 1895.
BRUCHON	Le Jura français, étude de géographie physique. . .	id.
MASSEREAU	Une commune pendant la Révolution (Neuvy-saint-Sépulcre).	27 juin 1897.
CLÉMENT	L'application de la constitution civile à Poitiers.	id.

RÉCAPITULATION

Philosophie. 10
Histoire moderne. . . 8
Littérature latine. . . 3
Littérature française. . 10
Géographie 1
        Total. . . 32

N. B. — Dans ce chiffre ne sont pas compris les mémoires insuffisants ni ceux dont les auteurs ont échoué à l'examen.

LICENCE ET DIPLOME D'ÉTUDES SUPÉRIEURES D'HISTOIRE ET DE GÉOGRAPHIE

Statistique des examens subis devant la Faculté des Lettres de l'Université de Poitiers de 1889 à 1899 inclus.

Années	Licence			Diplôme d'études supérieures d'Histoire et de Géographie			Observations
	Candidats examinés	Ajournés	Admis	Candidats examinés	Ajournés	Admis	
1889	36	23	13	»	»	»	Li ence : La proportion des admis pour 100 examinés est de 35,8.
1890	42	32	10	»	»	»	
1891	33	24	9	»	»	»	
1892	36	22	14	»	»	»	
1893	33	23	10	»	»	»	
1894	39	29	10	»	»	»	
1895	32	24	8	2	»	2	
1896	35	26	9	»	»	»	
1897	26	11	15	2	»	2	
1898	29	12	17	»	»	»	
1899	30	12	18	»	»	»	
Totaux généraux	371	238	133	4	»	4	

STATISTIQUE DES EXAMENS DE BACCALAURÉAT

subis devant la Faculté des Lettres de l'Université de Poitiers, de 1889 à 1899 inclus.

Années	Baccalauréat ès lettres (1re partie) et Baccalauréat classique (1re partie)	Baccalauréat ès lettres (2e partie) et Baccalauréat classique (lettres-philosophie)	Baccalauréat de l'enseignement secondaire spécial	Baccalauréat moderne (1re partie)	Baccalauréat moderne (lettres-philosophie)	Totaux par année	Observations
			Candidats examinés.				
1889	770	555	156	»	»	1.481	
1890	823	577	145	»	»	1.545	
1891	1 006	633	171	»	»	1.810	
1892	1.091	634	194	125	»	2.044	La proportion des admis pour 100 examinés est, pour l'ensemble, de 43.
1893	1 170	676	122	238	17	2.223	
1894	1 311	638	108	345	42	2 444	
1895	1.428	646	9	348	67	2 498	
1896	1.379	706	»	447	59	2.591	
1897	1.309	670	»	465	64	2.508	
1898	1.445	690	»	413	95	2.643	
1899	1 503	782	»	429	65	2.779	
Totaux généraux. . .	235	7 207	902	2 810	409	24.563	

École de Médecine

I. — HISTORIQUE.

Le 28 mai 1431, une bulle du pape Eugène IV instituait une Université à Poitiers; le roi Charles VII, guidé par une pensée politique, attacha à cette Université les mêmes privilèges qu'à celle de Paris. Le premier des actes de la nouvelle Université date du 23 janvier 1443, mais ce n'est que dans celui du 15 mars de la même année qu'on trouve quelque chose se rapportant à la Faculté de médecine (saluberrima facultas). En 1553, le doyen Nichol Michel en fit publier les statuts, qui restèrent en vigueur jusqu'à la Révolution.

Ce fut sous le décanat du même que furent promulgués les statuts des apothicaires. La Faculté de médecine devait rester confondue avec celle de théologie jusqu'en 1610; le 12 octobre de cette année, son doyen Pierre Milon, ancien médecin du roi Henri IV, obtint la séparation des deux établissements. La Faculté de médecine de Poitiers fût surtout prospère, au xviie siècle, sous l'administration de Le Coq, qui fut doyen jusqu'en 1634. A cette époque, elle fit l'acquisition d'un jardin botanique sis rue des Basses-Treilles et elle fut dotée d'un amphithéâtre de dissection. Sous le successeur de Le Coq, Pidoux, elle tomba en décadence. Elle finit même par ne plus avoir aucun élève, comme le constate sa délibération du 29 septembre 1742. Le 9 mai 1777, la Faculté de médecine de Poitiers fait un suprême effort pour se relever du discrédit dans lequel elle était alors tombée. Elle décide que l'enseignement y sera rétabli. Le 12 août 1777, elle était officiellement associée à la Société royale de médecine. Le 23 février, elle décidait que ses professeurs se réuniraient tous les trois mois pour se communiquer les observations à envoyer à ladite Société royale. A ce moment son enseignement jouissait d'une certaine réputation au dehors. De nombreux médecins des environs s'y faisaient admettre en qualité de régents; des cours d'anatomie, d'accouchements, de chirurgie y étaient institués; elle semblait appelée à un brillant avenir, quand elle fut supprimée en 1793, par un décret de la Convention nationale. Elle avait alors pour doyen Charles Pallu, qui avait remplacé en 1778 Blaise Mauduyt, décédé le 1er février de la même année.

Le décret du 19 octobre 1806, en instituant, à Poitiers, des cours pour les officiers de santé, y jette les premiers fondements de notre Ecole de médecine. En 1841, elle est définitivement créée par ordonnance royale rendue sur un rapport du 14 février de la même année et en exécution d'une autre ordonnance royale du 13 octobre 1840. Elle fait assez pauvre figure pendant 13 ans, et nous n'avons pas de documents bien sérieux sur cette phase de son histoire. Le décret du 22 août 1854 augmente ses ressources en lui attribuant la réception des officiers de santé, des herboristes, des pharmaciens et des sages-femmes de seconde classe pour les départements de la Vienne, des Deux-Sèvres et de la Vendée ; celui du 13 décembre suivant la réorganise sur de nouvelles bases. Elle avait alors à sa tête M. Barilleau, qui devait conserver ses fonctions de directeur jusqu'à sa mort, survenue en 1864, et dont l'administration éclairée devait lui être très profitable. M. Barilleau eut pour successeur M. Orillard, qui fut remplacé, en 1879, par M. Guérineau. Celui-ci succombait au bout de 3 années de direction en 1882, et avait pour successeur M. le docteur Chédevergne, le directeur actuel de notre Ecole de médecine.

De 1854 à 1875, aucun événement saillant ne vient s'offrir aux regards de l'historien de l'enseignement médical à Poitiers ; sa situation était assez prospère. A partir de cette année 1875, notre Ecole allait avoir à compter avec des difficultés sérieuses, résultant de la création de l'Ecole de plein exercice de médecine de Nantes. Cette création devait être suivie à brève échéance du démembrement de notre circonscription qui nous enleva les Deux-Sèvres et la Vendée. On nous donna en échange, il est vrai, la Creuse et l'Indre, mais la compensation était loin d'être suffisante. Aussi, à ce moment-là, notre Ecole traversa-t-elle une crise terrible, qui faillit l'emporter. Elle fut sauvée, grâce au zèle et au dévouement de son personnel enseignant.

De tous les professeurs qui enseignaient alors la médecine et la pharmacie à Poitiers, il ne reste plus que nos 3 vénérés collègues : MM. Chédevergne, Alban de la Garde et Poirault. Tous les autres sont partis, fauchés par la mort impitoyable. Qu'on en juge : M. Prosper Malapert, chargé du cours de pharmacie, et fils de l'éminent toxicologue dont nos concitoyens gardent pieusement le souvenir, est mort en 1876 ; son nom est dignement porté à l'heure actuelle à notre Ecole de médecine par son fils, professeur de pathologie externe, qui continue brillamment les traditions chirurgicales de nos grands opérateurs de jadis, les Bas et les Gaillard. M. le docteur Orillard, professeur d'anatomie, est décédé en 1879. MM. Guignard, Guérineau et Bonnet, professeurs de clinique interne, de clinique externe et d'obstétrique, ont succombé, les deux premiers en 1882, le dernier en 1883 ; M. le docteur Delaunay, le père et le prédécesseur, dans la chaire de physiologie, de l'auteur de ces lignes, est mort en 1886 ; M. le docteur Robert, titulaire de la chaire de clinique médicale, est décédé en 1890 ; M. Brossard, professeur de pathologie interne, s'est éteint en 1892 ; M. Jallet, qui était à la retraite depuis 5 ans, est mort en 1899, et nous avons perdu la même année M. Alfred Guitteau, titulaire de la chaire de chimie et de toxicologie.

Quand les leçons sont faites dans ces amphithéâtres où ces maîtres vénérés ont enseigné si longtemps avec tant d'éclat et tant de distinction, où leur souvenir habite, pour ainsi dire, encore, on ne peut s'empêcher de songer à la joie qu'ils auraient éprouvée, s'il leur avait été donné d'assister à la réorganisation, à la résurrection, pourrions-nous dire avec plus de raison, de cette Ecole de médecine, objet constant de leur sollicitude et de leurs préoccupations, de cette Ecole qu'ils ont sauvée à force de zèle et de dévouement, dans un temps où sa situation semblait irrémédiablement compromise. En évoquant ici leur souvenir, en montrant aux jeunes générations la part indirecte qu'ils ont prise aux succès présents de notre Ecole de médecine, nous nous acquittons envers leur mémoire d'une dette de reconnaissance. Puissions-nous contribuer à faire mentir un peu dans la circonstance ce proverbe populaire ; les morts vont vite !

En 1892, le principe de la réorganisation de cette Ecole était voté par le conseil municipal de notre ville ; la réorganisation devenait un fait accompli le 20 juillet 1893. Le nombre de nos élèves n'a cessé depuis d'augmenter chaque année, comme le prouve le tableau suivant relatif aux inscriptions délivrées depuis 1895.

ANNÉES SCOLAIRES	INSCRIPTIONS
1895 — 1896	166
1896 — 1897	185
1897 — 1898	247
1898 — 1899	311

La situation de notre Ecole de médecine est aujourd'hui excellente. L'enseignement y est distribué par 12 professeurs titulaires ou chargés de cours, six professeurs suppléants et 5 chefs des travaux. D'immenses ressources hospitalières sont à notre disposition, fournies par les trois hôpitaux de la ville; le nombre des lits des cliniques de médecine et de chirurgie installées à l'Hôtel-Dieu a été porté, au moment de la réorganisation, de 36 à 100. Une magnifique salle d'opération, qui peut rivaliser avec celles des premiers hôpitaux de Paris, a été construite en 1895. Des laboratoires bien outillés de physiologie expérimentale, de chimie biologique et d'histologie ont été fondés à la même époque. Depuis, on a procédé à la création de deux autres laboratoires pour la microbiologie et la radiographie. Ils rendent les plus grands services au personnel enseignant et aussi aux médecins de la région qui y font constamment faire des analyses bactériologiques et des photographies suivant la méthode de Rœntgen. Telle est leur utilité pour les départements voisins que l'un d'eux est déjà subventionné par plusieurs de ces départements et qu'il en sera vraisemblablement de même, avant peu, pour l'autre. Disons encore qu'une clinique obstétricale parfaitement organisée fonctionne dans notre ville, qu'un cours complémentaire d'hydrologie vient d'y être créé par un vote du conseil municipal, qu'une clinique ophtalmologique libre y a été ouverte par un de nos suppléants, que le nombre des cadavres abandonnés aux travaux pratiques de dissection de nos élèves est considérable. Ajoutons, enfin, que nous avons organisé une préparation spéciale aux écoles du service de santé militaire et navale de Lyon et de Bordeaux, destinées à assurer, comme on sait, le recrutement des médecins de l'armée et de la marine.

En 1896, et grâce au très précieux concours de la Faculté des lettres, des conférences spéciales ont été instituées dans ce but par un de nos professeurs; cette année-là, deux élèves seulement suivirent ces conférences; le succès fut d'ailleurs complet, car ces deux étudiants furent admis d'emblée. Les succès ont continué depuis, et en 1898 l'élève qui entra à l'Ecole de Lyon avec le numéro 4 avait été préparé à Poitiers. Des renseignements officieux puisés à des sources que nous avons lieu de croire très sûres nous font penser que ce candidat avait été classé premier pour l'admissibilité aux épreuves écrites. Grâce au bon renom de cette préparation à la médecine militaire, qui existe dans notre ville, au lieu des deux candidats de la première année nous en avons actuellement 21, dont plusieurs ont déserté, pour venir assister à nos conférences, les Ecoles ou Facultés où ils avaient commencé leurs études. Dans ces conférences, les élèves sont interrogés tour à tour et remettent des compositions qui sont lues à haute voix et corrigées devant eux. Ce mode de préparation leur est très profitable et explique les succès obtenus. En 1899, sur 9 candidats nous en avons eu 7 admis aux épreuves orales.

Le développement rapide et les progrès continuels de notre Ecole de médecine depuis sa réorganisation nous sont de sûrs garants de ses succès futurs, et c'est avec une légitime confiance dans ses destinées qu'elle peut saluer l'aurore du XXe siècle.

Ressources de l'Université

L'Ecole de médecine de Poitiers étant, au point de vue budgétaire, un établissement municipal, les produits universitaires, inscriptions, droit de bibliothèque, etc., de cet établissement ne sont pas compris dans les chiffres ci-dessous qui concernent exclusivement les trois Facultés de droit, des sciences et des lettres.

I. — SUBVENTIONS (Matériel)

I. Subvention du Ministère d'instruction publique.	46070 fr.
II. Subvention du Ministère de l'Agriculture.	1000
III. Du département de la Vienne.	5400
1° Pour le fonctionnement du laboratoire d'analyses agricoles (Faculté des sciences).	5000
2° Pour prix aux lauréats des concours de la Faculté de Droit.	400
IV. De la ville de Poitiers :	
1° Prix et médailles.	500
2° Cours d'économie et de législation rurales.	1500
3° Cours d'histoire du Poitou.	1000

II. — RESSOURCES PROPRES DE L'UNIVERSITÉ

Les sommes perçues au profit de l'Université pendant l'année 1899 ont été les suivantes :

I. Produit des droits d'études. . . .	1540 »
II. Produit des droits d'inscriptions. . .	29040 »
III. Produit du droit de bibliothèque. .	3522 50
IV. Produit des droits de travaux pratiques.	5002 50
Total.	39105 »

Le Conseil de l'Université a, depuis le 1er janvier 1898, date d'entrée en vigueur de la loi du 10 juillet 1896, voté la création des enseignements suivants :

I. Faculté de Droit :
Cours complémentaire de Droit civil comparé,
— de Droit international public,
— de Principes du droit public,
— de Médecine légale.

Conférence d'anglais pour les aspirants au commissariat de marine.

II. Faculté des sciences.
Conférence de géographie physique.

III. Faculté des lettres.
Maîtrise de conférences d'anglais.
— de langue et littérature françaises.

IV. A l'École de médecine.
Conférences de philosophie préparatoire à l'école de médecine militaire de Lyon.
Conférences de langues vivantes préparatoires à l'école de médecine militaire de Lyon.

Elle a voté des subventions pour collections aux trois Facultés ;

Pour prix et médailles aux étudiants ;
Et une subvention à l'Association générale des étudiants.

L'Université a pris à sa charge la moitié des frais de reconstruction de la Bibliothèque universitaire, évalués au total à 160,000 fr. environ.

III. — COLLECTIONS

Collection de physique contenant environ 800 appareils, dont les plus importants figurent à l'optique supérieure et à l'électricité.

Collection de produits minéraux et organiques (chimie).

6 herbiers, dont 3 prêtés gracieusement par la ville.

Collection de paléontologie générale. Collection spéciale pour la région entre Loire et Gironde.

Toutes les semaines, le laboratoire de zoologie fait acheter à La Rochelle des produits de la pêche pour études et expériences.

Appareils à projections lumineuses.

La Bibliothèque universitaire compte actuellement 38000 volumes, sans compter les thèses françaises et étrangères.

Le budget annuel de bibliothèque (matériel) s'élève à 16322 fr. 50.

La bibliothèque municipale est adjacente à la bibliothèque universitaire. Tous les livres des deux bibliothèques sont, par suite d'une entente, à la disposition des lecteurs de chacune d'elles.

Cette utilisation commune des ressources des deux bibliothèques sera rendue plus facile encore après la reconstruction en cours d'exécution.

IV. — BIBLIOTHÈQUE

La bibliothèque municipale compte 70,000 volumes.
Bibliothèque de la Société des antiquaires de l'Ouest,
Bibliothèque des avocats.
Archives départementales et municipales.
Musées de la Société des antiquaires.
Musées municipaux de peinture, sculpture et histoire naturelle.

FACULTÉ DE DROIT DE L'UNIVERSITÉ DE POITIERS
Tableau des Enseignements actuels.

Chaires magistrales.	Cours complémentaires rétribués par l'État.	Cours complémentaires rétribués par l'Université de la Ville de Poitiers.	Observations.
Droit civil (3 chaires). Droit criminel. Procédure civile. Droit commercial. Droit romain et Pandectes (2 chaires). Droit administratif. Droit international public et privé. Droit constitutionnel et histoire du droit public. Economie politique.	(1) Droit administratif (Doctorat). Droit international public (Licence). (3) Economie politique (Doctorat). (3) Histoire des doctrines économiques (Doctorat). (3) Législation et économie coloniales (Doctorat). (2) Histoire du droit français (Doctorat). Histoire générale du droit français (1er semestre) (Licence). Eléments du droit constitutionnel (2e semestre) (Licence) Droit maritime (Licence). Législation et science financières (Licence et Doctorat).	(2) Droit civil comparé (Doctorat). (3) Droit international public (Doctorat). (3) Principes du droit public (Doctorat). (4) Législation et économie rurales (Doctorat). Médecine légale (cours rétribué par l'Université).	(1) Ce cours est commun aux deux doctorats. (2) Les cours désignés par le chiffre (2) s'appliquent au doctorat (sciences juridiques). (3) Les cours désignés par le chiffre (3) s'appliquent au doctorat (sciences politiques et économiques). (4) Le cours est rétribué par la Ville de Poitiers et appartient au doctorat (sciences politiques et économiques). Une section d'études coloniales est organisée à l'Université de Poitiers, au moyen de cours faits dans les trois Facultés et l'Ecole de Médecine. La Faculté de Droit y contribue pour un cours de Législation et Economie coloniales. En outre, des conférences d'allemand et d'anglais ont été créées par l'Université. Actuellement, les candidats au commissariat de marine suivent la conférence d'anglais, qui fonctionne à la Faculté des Lettres.

FACULTÉ DES SCIENCES DE L'UNIVERSITÉ DE POITIERS

Tableau des enseignements actuels.

Chaires magistrales	Maîtrises de conférences et cours complémentaires rétribués par l'Etat	Observations
Mécanique rationnelle. Calcul différentiel et intégral. Physique. Chimie. Zoologie. Géologie et Minéralogie. Botanique.	Maîtrise de conférences de chimie (P. C. N.) Cours complémentaire de zoologie (P. C. N.) Cours complémentaire de physique (P. C. N.) Cours complémentaire d'astronomie (licence).	Des conférences d'allemand et de philosophie, rétribuées par l'Université, sont faites aux élèves du P. C. N., qui se destinent à la Médecine militaire ou navale. Une section d'études coloniales est organisée à l'Université de Poitiers au moyen de cours faits dans les trois Facultés et l'Ecole de médecine. La Faculté des Sciences y contribue pour un cours de Géographie physique des colonies françaises.

FACULTÉ DES LETTRES DE L'UNIVERSITÉ DE POITIERS

Tableau des Enseignements actuels.

Chaires magistrales	Maîtrise de conférences rétribuée par l'Etat	Maîtrises de conférences rétribuées sur les fonds de l'Université	Conférence bénévole	Observations
Littérature et institutions grecques (1) Littérature latine et institutions romaines (1).	Philologie et antiquités classiques (2).			(1) Ces deux chaires, réunies sous le titre de Littérature ancienne, ont été séparées en 1889. (2) Créée en juillet 1894; a remplacé deux conférences complémentaires faites l'une par un titulaire, l'autre par un professeur du lycée.
Littérature française. Philosophie. Histoire moderne et Géographie (4). Histoire du Poitou et Antiquités régionales (5).		Langue et Littérature françaises (3).		(3) Créée à partir du 1ᵉʳ janvier 1900 ; remplace une conférence complémentaire faite par un professeur du lycée. (4) Sous le nom d'*Histoire*. (5) Créée, en décembre 1897, à fonds communs par l'Etat et la Ville de Poitiers ; a remplacé une conférence complémentaire faite par un archiviste et un bibliothécaire municipal.

FACULTÉ DES LETTRES DE L'UNIVERSITÉ DE POITIERS

Tableau des Enseignements actuels (suite)

Chaires magistrales	Maîtrise de conférences rétribuée par l'Etat	Maîtrises de conférences rétribuées sur les fonds de l'Université	Conférence bénévole	Observations
Littérature étrangère (7).		Géographie physique (6). Langue et Littérature anglaises (8).	Physiologie appliquée à la psychologie (9).	(6) Conférence complémentaire faite par le titulaire de la chaire de Géologie et Minéralogie de la Faculté des Sciences. (7) Depuis le 1er janvier 1898, uniquement consacrée à la Langue et à la Littérature allemandes. (8) Créée depuis le 1er janvier 1898. (9) Conférence faite depuis 1890, par un professeur de l'École de Médecine et de Pharmacie.

N. B. — Tous ces enseignements, à l'exception de la conférence de Physiologie qui est semestrielle, sont annuels.
Géographie physique : une heure par semaine.
Les autres enseignements. Trois heures par semaine ; les titulaires des chaires magistrales et celui de la conférence de philologie et antiquités classiques font un cours public durant le premier semestre.
Une section d'études coloniales est organisée à l'Université de Poitiers, au moyen de cours faits dans les trois Facultés et l'Ecole de Médecine.
La Faculté des Lettres y contribue pour les deux cours suivants :
1° Géographie économique des colonies françaises ;
2° Histoire de la colonisation européenne, et en particulier de la colonisation française, du xvie siècle à nos jours.

ÉCOLE DE MÉDECINE ET DE PHARMACIE DE POITIERS

Tableau des Enseignements actuels.

Chaires magistrales	Conférences faites par les suppléants ou les chefs de travaux	Observations
Clinique médicale. Clinique chirurgicale. Clinique obstétricale. Anatomie. Physiologie. Pathologie médicale. Pathologie chirurgicale et médecine opératoire. Histologie. Chimie et Toxicologie. Histoire naturelle. Pharmacie et matière médicale. Physique.	Clinique ophtalmologique. Chimie biologique. Minéralogie et hydrologie. Botanique. Médecine opératoire. Hygiène. Chirurgie militaire (Petite chirurgie). Médecine dentaire. Cours libre de bactériologie.	Des herborisations, organisées par le professeur d'histoire naturelle, ont lieu le dimanche, pendant le second semestre. Une section d'études coloniales est organisée à l'Université de Poitiers, au moyen de cours faits dans les trois Facultés et l'Ecole de Médecine. L'Ecole de Médecine y contribue pour un cours d'hygiène coloniale.

UNIVERSITÉ DE POITIERS

RÉCAPITULATION GÉNÉRALE.

Statistique des examens subis devant les Facultés de Droit, des Sciences et des Lettres et l'Ecole préparatoire réorganisée de Médecine et de Pharmacie de Poitiers, de 1889 à 1899 inclusivement.

Faculté ou Ecole	Candidats examinés	Candidats ajournés	Candidats admis	Proportion des admis pour 100 examinés
Faculté de Droit. . .	5.121	1.084	4.037	78.8
Faculté des Sciences.	6.280	3.828	2.452	39
Faculté des Lettres. .	24.938	14.223	10.715	42.9
Ecole de Médecine et de Pharmacie. . .	1.155	158	997	86
Totaux généraux.	37.494	19.293	18.201	

www.ingramcontent.com/pod-product-compliance
Lightning Source LLC
LaVergne TN
LVHW050620090426
835512LV00008B/1571